U0637883

包容性增长
的理论演进

THE EVOLUTION OF
INCLUSIVE
GROWTH THEORY

武 鹏 著

社会科学文献出版社
SOCIAL SCIENCES ACADEMIC PRESS (CHINA)

本书受到云南省哲学社会科学学术
著作出版专项经费资助

前　言

在人类发展的历史长河里，经济增长一直是一个重要议题，社会大众希望通过持续的经济增长来提升国家实力和增进国民福祉。步入现代社会以来，经济增长依然是"头等经济议题"和"生存的条件"。但在各国寻求经济增长的过程中，全球范围内（特别是发展中国家）出现了发展失衡、收入差距扩大、人与自然资源环境关系趋于紧张、社会动荡等不合意的现象，这些现象的出现促使我们开始反思，为什么会出现有增长而没有发展的结果？经济增长的目标仅仅是经济总量和人均国内生产总值水平的提升，还是应包含一定的价值判断，在增长过程中尽量实现公平的目标？在这一背景下，学术界和国际机构提出了包容性增长这样一种增长理念和增长模式来引导发展中国家实现可持续发展。

本书通过回顾经济增长理论，认为经济增长的分析层面有两个：一是以索洛为代表的理论模型建构及增长核算，致力于研究长期经济增长的决定因素，勾画世界增长图景；一是以斯密为代表的富国裕民之古典政治经济学的目标追求，经过发展，形成了在国民收入持续增长框架下的福利经济学，追求全社会的福利最大化。包容性增长强调全民参与和共享增长，其价值内涵与福利经济学的目标是一致的，包容性增长的实现需以有效增进全社会福利水平的经济增长为基础。

1

　　一国或地区要增进全社会的福利水平，就需要在经济增长过程中重视贫困和不平等问题。本书通过对国内外文献的梳理，分析阐明了贫困含义的演变，基于贫困含义的演变得出人际相异性是造成贫困的主要原因。为解决贫困和不平等问题而提出的收入均等化主张具有增加有效需求和改善福利水平的效应，是为实现追求最大多数人的最大幸福目标而做出的一种社会选择。由于贫困和不平等问题涉及价值判断，本书进一步分析评价了功利主义、契约主义和古典自由主义这三种价值观，认为包容性增长（强调人的全面自由发展）是一种符合社会道德取向的社会选择，能通过社会共识的形成促进不平等问题的解决，同时亦能为经济持续增长提供动力。

　　由于包容性增长重视在经济增长过程中实现对社会各阶层的包容，公平与效率之间关系的协调就成为包容性增长的主要内容之一。本书通过对公平和效率的概念以及实现条件的梳理，从理论发展视角深入分析了公平与效率的关系。在分析"库兹涅茨假说"的理论含义和经验解释的基础上，通过描述中国自改革开放以来各阶段公平与效率之间关系的演变，进一步评析了收入不平等与经济增长之间的关系。笔者认为，包容性增长对解决经济发展过程中的社会公平问题，促进库兹涅茨转折的出现，推动中国经济发展进入新阶段具有重要意义。

　　在讨论公平与效率的协调的基础上，本书进一步分析了机会均等中的教育机会均等的含义、实现条件和教育机会均等与经济增长的关系，包括以下内容：一是机会均等的含义和构成要素；二是教育机会均等的含义和实现条件，及关于教育机会均等的争议；三是基于教育与人力资本、教育与经济增长之间联系的分析，阐明教育机会均等对推进经济增长的作用。

　　通过前文对增长理论、贫困和不平等，以及公平与效率兼顾等问题的探讨，本书在最后部分基于包容性增长的内涵和核心内容，对中国经济增长的包容性实现程度进行了分析，阐述了影响包容性增长实现的制约因素，进而分析得出了中国实现包容性增长的政策指向。

目　录

第一章　导论

在人类社会发展的历程中，经济增长一直是中心议题，因为一国的强盛和人类生活水平的提高离不开经济增长。在经济增长过程中社会结构、制度环境、生产方式和技术等也在随之改变。在研究什么因素驱动了经济增长、经济增长的实现机制以及经济增长与其他因素的联系等问题时，经济增长理论开始进入人们的视野。在世界经济总量不断增加的过程中，人类也开始面临发展失衡、社会不平等、环境污染等现实问题，不禁使人们反思下列问题：经济增长寻求的只是经济总量的增加和人均产出水平的提高，还是存在其他目标？现有增长模式是否能解决不平等问题？如何解决资源约束与经济增长之间的持续紧张关系？为解决这些问题，国际机构、学者通过研究取得了很多成果。包容性增长（亚洲开发银行，2007；世界银行增长与发展委员会，2008）的提出为在经济增长过程中实现效率与公平的兼顾、提高全社会的福利水平和实现可持续发展提供了一种可行的增长理念和增长模式。本章主要是对本书的研究主题和研究意义进行说明，并结合对包容性增长内涵、政策目标和测度等研究内容的回顾，提出本书的研究内容和研究框架，指明研究重点、研究难点和未来可拓展的研究方向。

第一节　问题的提出和研究意义

一　问题的提出

自工业革命以来，随着社会分工和社会化大生产的不断演进，要素生产率的提高推动了世界经济的迅猛发展，人均收入水平和生活水平也在不断提高，人类社会创造的物质财富达到了较高水平。但在世界经济取得长足发展的同时，也出现了一些值得反思的问题，诸如国别之间和一国之内的收入差距持续扩大、发展失衡、经济增长与资源约束持续紧张、环境问题日趋严重和增长价值观紊乱，等等。这些非合意现象的出现，引起了社会各阶层对现有增长模式和增长目标的反思，"包容性增长"正是在这一现实背景下提出的。下文将进一步对"包容性增长"提出的现实背景展开分析。

（一）收入差距的扩大

随着人类生产率水平的提高，一国或地区创造的物质财富得以持续增加，经济增长也成为世界上大部分国家和地区实现发展目标的必要条件。各国和地区在制定政府政策和发展方针时，都将持续的经济增长作为主要的政策目标。因为经济增长的长期持续，既能提升一国或地区的经济总量水平和国家实力，又能提高人均收入水平和生活水平，增进社会福利。[1]　在参与经济活动过程中，不同社会阶层在参与起点、个人资产状况、受教育程度和个人生产率等方面存在差别，导致各阶层人群从经济活动中获得的收益不同，其收入的变化趋势和变化率各不相同，进而产生了社

---

[1]　在不考虑收入分配方式的情况下，经济增长率如果高于人口的自然增长率，人均收入水平就会提高，收入的增加会使居民有能力消费更多的物质产品和服务，大部分人的福利水平就会得到提升。

会各阶层的收入差距这一现实问题，收入差距的衡量和变化趋势、收入差距的形成原因、收入差距与经济增长之间的关系等问题也成为经济学研究领域的热点问题。

在经济增长的不同阶段，收入差距如何变化，是否存在收入差距变化趋势与经济增长不同阶段之间的必然联系？对这一问题，美国学者西蒙·库兹涅茨提出了"库兹涅茨曲线"，认为收入差距会随着经济增长的持续而出现先恶化再改善的趋势。[①] 这一论断对中国等正在经历快速经济增长的发展中国家而言，是否意味着高速增长的发展经济体可以只考虑如何维持较高的增长率，而不用考虑收入分配问题？[②] 收入差距如何影响经济增长，国内外学者对这一问题做了大量的研究。虽然适度的收入差距[③]是有利于经济增长的，但当收入差距过大时，收入领域的不平等会通过四个机制对经济增长产生负面影响：（1）由于信贷市场存在不完善性，处于社会各收入水平的不同阶层获取信贷的能力存在差别，收入差距的扩大将使贫困人口面临信贷约束，降低其物质资本和人力资本投资水平。[④]（2）在民主选举体制中，收入不平等的恶化会使低收入阶层的选民要求政府增加税收，通过税收收入的增加来促进再分配，提高转移支付水平，改善穷人的收入状况。而过高的税负水平可能会通过抑制投资、资本转移等渠道影响经济增长，产生负面的激励作用。（3）收入不平等的恶化会导致社会的不稳定。在收入差距扩大的过程中，富人的财富较之穷人增长更快，使富人

---

① Kuznets S. Economic Growth and Income Inequality. *The American Economic Review*, 1955, 45（1）: 1 - 28.

② 依据"库兹涅茨曲线"的基尼系数变化趋势，当人均 GDP 达到一定水平后，伴随经济的进一步增长，收入差距会趋于缩小，不平等程度会得到改善。

③ 收入差距可以用基尼系数衡量，基尼系数在 0.2 ~ 0.35 之间通常被认为是适度的不平等。

④ 陆铭、陈钊、万广华：《因患寡，而患不均——中国的收入差距、投资、教育和增长的相互影响》，《经济研究》2006 年第 12 期。

可以动用更多的资源游说政府，保护利益集团的既得利益，使他们的获利能力持续提高。富裕人群倾向于动用更多的资源进行产权保护，进而弱化生产性物质资本的积累，对经济增长会产生不利影响。同时，穷人在经济增长过程中获益较少，失去更多的发展机会，导致他们对社会的不满加剧，使整个社会充满不稳定和动荡的潜在危害。[①]（4）由于低收入家庭具有更高的生育率而人力资本投资水平较低，当收入差距扩大时，低收入家庭所占比例会增加，[②] 社会平均受教育程度会降低，人力资本水平的下降会进一步制约经济增长。

自改革开放以来，中国的综合国力得到极大提升，1978～2008年 GDP 年均增长率为 9.9%。[③] 国内生产总值 1978 年为 3645.2 亿元，2013 年上升到 568845.2 亿元。人均国内生产总值 1978 年为 381元，2013 年为 41908 元。以 1978 年为基期，2013 年的国内生产总值指数和人均国内生产总值指数分别为 2608.6% 和 1837.5%，中国经济的高速增长创造了世界经济史上的奇迹。但是，在经济高速增长过程中，中国出现了收入差距扩大、贫富差距悬殊、两极分化的问题，不平等程度的持续提高已经成为社会经济健康发展、社会进步的主要制约因素之一。从 20 世纪 80 年代以来，中国城乡间、区域间和行业间的收入差距在持续扩大，[④] 收入差距问题也成为学界和政策制定者关注的热点问题。由于中国改革开放后实行了不均衡发展战略，以重工业优先发展为先导，以农村反哺工业，优先开发东部沿海地区，这一发展战略使城乡之间、东中西部地区之间

[①] 李刚：《"包容性增长"的学源基础、理论框架及其政策指向》，《经济学家》2011 年第 7 期。

[②] 陆铭、陈钊、万广华：《因患寡，而患不均——中国的收入差距、投资、教育和增长的相互影响》，《经济研究》2006 年第 12 期。

[③] 世界银行、国务院发展研究中心联合课题组：《2030 年的中国：建设现代、和谐、有创造力的社会》，中国财政经济出版社，2013，第 3 页。

[④] 李刚：《"包容性增长"的学源基础、理论框架及其政策指向》，《经济学家》2011 年第 7 期。

的收入差距不断扩大。从经济增长与收入差距之间的演变关系来看，这与"库兹涅茨假说"（Kuznets hypothesis）是一致的，但是目前"库兹涅茨假说"的正确性和适用性受到了一些学者研究结果（Deininger and Squire，1998；Chen and Ravallion，2004）的质疑。Deininger and Squire（1998）选用跨国面板数据进行分析，其估计结果显示，在国别特征变量被引入的条件下，收入变量的系数估计值不仅变得统计上不显著，而且其符号正好与"库兹涅茨假说"的预期相反。[①] 联合国发展计划署指出："早期经济增长必然与收入分配恶化相联系的观点被证明是错误的。这一假说已被经济增长与收入平等之间的最新证据证明是不成立的。"[②] 中国台湾地区和韩国在 20 世纪下半叶都出现了经济快速增长的阶段，在这一阶段，高增长率并没有带来不平等程度的提高，以收入水平为基础计算的基尼系数一直低于 0.4，在某些阶段，收入差距水平在经济高速增长的同时还出现了下降的趋势。这也从经验证据的角度说明，中国在经济高速增长的阶段，收入差距的不断扩大不一定是经济增长不可避免的结果，有可能是不恰当的经济增长理念和收入分配方式共同作用的结果。[③] 现有的增长模式和增长理念，以及不适宜的收入分配方式可能会导致经济增长和收入差距扩大相互交织，在人均收入水平达到一定阶段后，也不会出现"库兹涅茨曲线"所描绘的收入差距逐渐缩小的趋势。

（二）发展失衡

自 1978 年以来，我国经济发展呈现出良好的增长态势，但经

---

① 李实、李婷：《库兹涅茨假说可以解释中国的收入差距变化吗》，《经济理论与经济管理》2010 年第 3 期。

② 李刚：《"包容性增长"的学源基础、理论框架及其政策指向》，《经济学家》2011 年第 7 期。

③ 李刚：《"包容性增长"的学源基础、理论框架及其政策指向》，《经济学家》2011 年第 7 期。

济的总量增长仍然掩盖不了经济的结构失衡。在当前经济转型阶段，我国经济发展的失衡问题，显得尤为严重。我国的经济发展失衡主要表现为三个方面：（1）区域发展失衡。首先，我国东部地区一直具备良好的经济发展基础，伴随着我国以出口为导向的发展模式，东部地区凭借其区位优势获得了更多的发展机遇；其次，长久以来，我国东部地区获得了更多的政策倾斜，这进一步巩固了东部地区的竞争优势；最后，东部地区已经形成了颇具规模的"产业集聚"、"资本集聚"以及"人才集聚"效应。西部地区虽然有着明显的资源（如水资源、矿产资源、旅游资源）优势，但西部地区初始发展条件的落后、区域的弱势以及政策的劣势，使西部地区与东部地区的差异日益扩大。（2）城乡发展失衡。我国农村发展长期滞后，城乡之间发展差异日益凸显，其原因是我国长期实行工业化战略，农村长期反哺城市，使城市的发展快于农村，城市人均收入水平要高于农村。此外，城市的公共服务要比农村更加完善，覆盖面更广，这也形成了对城市发展的隐性补贴。（3）收入分配的不均衡。我国经济的快速发展整体上提升了居民的收入与福利水平，但问题是我国的收入分配情况发生了明显的变化，我国的居民基尼系数从1990年的0.32上升到了2008年的0.43，另外随着城乡收入差距的扩大，我国整体收入差距也逐渐扩大，城乡收入差距成为影响全国收入差距的主要原因。从以上分析可以看出，我国经济发展的成果并没有均衡地惠及所有地区和所有阶层的人群。因此，如何通过包容性增长来缩小不同地域、行业和人群的发展失衡，对中国经济的长期可持续发展与和谐社会的构建有着重要的意义。

（三）自然资源、生产要素与生态环境对经济增长的约束

自1978年以来，中国开始了市场经济改革进程，改革激发了市场活力和要素潜力，中国经济进入增长的快车道，经过30多年的快速增长，中国经济总量排名已跃居全球第二，成为制造业大国，获

得了"世界工厂"的称号，钢铁、水泥等产品产量均位居世界第一。自 20 世纪 90 年代以来，中国在经济高速增长的同时，固定资产投资一直保持较高的增速，从图 1-1 我们可以看出，自 1991 年以来中国全社会固定资产投资增速长期保持在两位数，较高的固定资产投资水平导致钢铁、水泥、化工原料等产品的消耗持续增加。

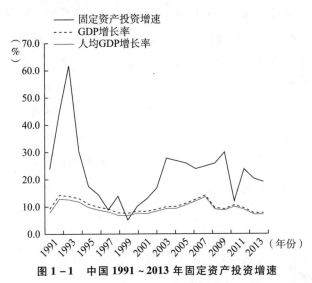

图 1-1　中国 1991~2013 年固定资产投资增速

资料来源：中国国家统计局：《中国统计年鉴》（1992~2014），中国统计出版社，1992~2014 年。

在依靠高投资推动经济增长的同时，由于增长方式的粗放，经济活动的能源消耗也维持在较高水平，带来资源的急剧消耗，资源、环境与经济增长模式之间的关系持续紧张。中国的经济发展由于粗放型增长模式而面临以下问题。

第一，自然资源的约束。随着经济效率的提高，中国每万元国内生产总值能源消费量由 2000 年的 1.47 吨标准煤/万元下降为 2012 年的 0.76 吨标准煤/万元，[①] 但由于经济总量的不断扩张，能

---

① 数据来源：《中国统计年鉴》（2001、2013）。

源消费总量逐年增加（见图1-2），这必然对资源和环境带来较大
压力。而增加煤炭、石油和有色金属等矿产资源的供应，需要通
过扩大国内矿产资源的开发和进口资源来实现。在国内，这可能
带来矿产资源的过度开采，不利于长期可持续发展；在进口方面，
可能造成资源领域的对外依赖，面临资源供应国不确定性和资源
价格波动带来的风险，并进而影响国家的对外战略。中国现阶段
钢铁、水泥和化工等领域的产能过剩就是过度扩张规模的增长模
式下大量资源消耗带来较低收益的例证，对经济的长期可持续发
展会产生负面影响。如果长期依靠高投资路径来扩大经济规模，
推动经济增长，一旦被这种模式锁定，未来将面临更加严重的资
源和环境约束，出现"烧光子孙后代青山"的结果；另外，这一
模式也不利于产业结构的升级换代和增长质量的提升。

图1-2　2000～2012年中国能源消费量

资料来源：中国国家统计局：《中国统计年鉴》（2001～2013），中国统
计出版社，2001～2013年。

第二，生产要素的约束。我国企业产能的扩张需要大量资金的
支持，资金供应水平将受到居民储蓄率的制约。从图1-3、图1-4
可以看出，中国城乡居民人民币储蓄存款余额和储蓄存款年增加额
在不断提高，但随着居民消费水平和生活水平的提升，居民的储

蓄意愿有可能下降，这必然会给扩大规模的增长模式带来资金约束；另外，随着中国人口增速的放缓和人口结构的变化，"人口红利"在逐步消失，劳动力要素投入的增加也将受到制约。依赖单纯追求规模扩大的增长模式，意味着需投入更多的劳动力和资金要素，一旦投入的要素达到或超过其承载力的临界点，可能会导致规模效益递减的结果。要素投入的低效率或无效率，必然不利于生产效率的提升和长期稳定增长的实现，也不利于经济结构的转型和国家实力的提升。

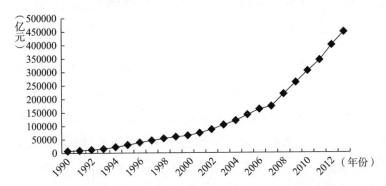

图 1 - 3   1990 ~ 2013 年中国城乡居民人民币储蓄存款余额

资料来源：中国国家统计局：《中国统计年鉴》（1991 ~ 2014），中国统计出版社，1991 ~ 2014 年。

第三，自然生态环境的约束。人与自然生态环境之间的关系，从一定程度上反映了人类社会生产能力水平的演变。在生产率水平较低的阶段，人类改造自然生态环境的能力有限，作为社会主要生产部门的农业其产出水平受到自然条件（降雨量、土壤肥沃程度、气候变化和自然灾害等）的严格限制，人类对大自然充满敬畏；随着生产率和改造自然环境能力的提高，人类倾向于以自我为中心，为追求创造更多物质财富的目标而充分发挥其改造自然的能力，人类与自然生态环境的关系趋于紧张；在人类创造了巨大物质财富的同时，人类社会开始面临全球气候变暖、环境污

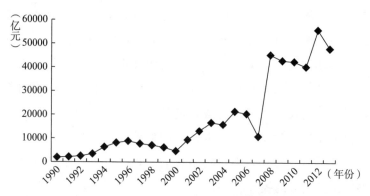

图 1 – 4   1990～2013 年中国城乡居民人民币储蓄存款年增加额

资料来源：中国国家统计局：《中国统计年鉴》（1991～2014），中国统计出版社，1991～2014 年。

染、水资源缺乏等环境问题，这对人类社会的可持续发展和生存问题带来挑战，人类开始反思人与自然生态环境的关系，思考人与自然生态环境之间如何实现协调发展。朱江玲等（2010）通过将人类碳排放活动划分为三个时期，[①] 采用世界碳排放数据和人口数据，分析得出三个阶段全球主要国家和中国的累计碳排放量与人均累计碳排放量。对于中国的分析结果表明，自改革开放以来，我国的碳排放累计总量和人均碳排放累计量均呈快速增加态势，再考虑到我国能源消费结构以化石能源为主的状况依然持续，[②] 我国在未来将面临比较严峻的碳排放形势，如何提高资源利用效率，降低碳排放水平，成为我国实现可持续发展需解决的重要问题。[③]

---

① 第一分析时期：1850 年第二次工业革命至 2008 年；第二分析时期，二战后 1950 年至 2008 年，世界经济经历快速发展的时期；第三分析时期，1990 年至 2008 年，自《联合国气候变化框架公约》的签署开始，人类社会重点关注 CO_2 排放的阶段。

② 基于《中国统计年鉴》的数据计算，2000～2013 年中国能源消费总量中化石能源的消费占比一直在 90% 以上。

③ 朱江玲、岳超、王少鹏等：《1850～2008 年中国及世界主要国家的碳排放——碳排放与社会发展 I》，《北京大学学报》（自然科学版）2010 年第 4 期。

由于忽视高能耗、高污染对人类生存环境和自然环境所带来的危害，高投入的粗放型增长方式下的环境利用效率低于标准水平，这样既不能实现经济的长期持续增长，也会损害自然环境的自我修复能力，不利于人与自然生态环境的和谐发展。

（四）增长价值观的紊乱

在如何看待经济增长的问题上，部分国家和地区存在将经济增长等同于经济发展的趋向，采用国内生产总值的总量规模和增长速度作为评价社会经济发展的单一评价标准。然而，如果一国或地区仅仅片面地追求经济总量增长而不考虑增长质量和人类发展的其他诉求，就会出现诸如收入差距扩大、贫困、社会动荡和环境污染问题等与人类发展相悖的现象，其结果必然呈现为有"增长"而无"发展"的景象。"罗马俱乐部"的总裁奥雷利奥·佩西指出，"任何发展和进步，如果不同时导致道德、社会、政治以及人的行为的进步，就毫无价值可言"。[①]

包容性增长的提出，对改善经济增长中出现的上述不合意现象有较好的借鉴意义，也是中国实现可持续发展应该选择的增长模式。基于此，有必要研究包容性增长的理论发展脉络和基本要义，并结合其理论内涵构建合理的评价模式分析中国经济增长的包容性，进而推演出政策导向，通过提升增长过程和增长结果分享的包容性来实现共同参与、共同分享的经济增长。

二 研究意义

（一）理论意义

长期以来，经济增长、不平等与贫困是世界各国和地区社会经济发展中三个始终纠结在一起的重要问题，三者之间的关系如

---

① 奥雷利奥·佩西：《未来的一百页：罗马俱乐部总裁的报告》，中国展望出版社，1984，第65页。

何？在经济增长过程中，三者之间的影响机制和效应也是许多国内外学者、国际机构致力研究的重要命题。国内外一些学者（Ravallion，1995；Dollar and Kraay，2002）的研究结果表明，经济增长虽然是有效减少贫困人口和降低贫困水平的主要途径，但是经济增长的减贫效应在一定程度上还取决于一国或者地区初始的不平等程度，以及不平等状况随经济增长所发生的演变（Balisacan and Nobuhiko，2003；胡鞍钢等，2004）。从另一个角度看，不平等程度的高低也会对经济增长产生影响。高度的不平等可能会通过影响人力资本积累和物质资本积累而对一国或地区的经济增长和减贫效果产生不利影响。在不平等程度较高的情况下，贫困人群较富裕人群从经济增长中获得的收益更少，其利益因市场的不完善更易受到侵害，较低的收入水平和较弱的获取信贷的能力使贫困群体的人力资本投资不足，难以获得较好的工作机会以提高收入水平，因此贫困人群易落入持续贫困的恶性循环，难以摆脱贫困状态。由此可见，要有效减少贫困人口和降低不平等程度，持续快速的经济增长是必不可少的条件之一，但并非充分条件。在通过经济增长减少贫困的过程中，经济增长的驱动因素及其模式、各要素的生产率水平、收入分配方式、初始的不平等程度及其变化趋势等因素也是影响减贫效果的重要因素。随着对贫困、不平等和经济增长之间联系认识的深化，以及对贫困概念内涵和导致贫困原因研究的深入，一些国家和地区对减贫战略进行了调整。从增长过程和增长结果分享的视角分析研究经济增长的减贫效应，也从一定程度上推进了增长理论的演进（蔡荣鑫，2010）。

以机会均等为核心的包容性增长，强调在参与经济增长过程的机会和分享经济增长成果的机会方面实现公平，通过提高经济增长的包容性实现公平与效率的兼顾，这种增长模式也是解决贫困、不平等与经济增长之间关系的有效途径。基于此，本书拟通过对包容性增长的理论来源和发展脉络进行梳理，结合理论演进的现实背景，分析包容性增长的理论内涵和政策导向，为中国实现可持续发展提供理论支撑。

（二）现实意义

2013 年中国人均 GDP 为 6807 美元,① 已进入中等收入国家的中等区间。在这一区间，中国经济有着继续发展、迈入高收入国家的机遇，同时也面临能否转型成功的挑战。从国际经验看，各经济体在从低收入经济体向中等收入经济体转变的进程中所依赖的发展战略，难以有效支撑其向高收入经济体的攀升。② 如果重复使用推动经济体由低收入水平向中等收入水平迈进的发展战略，经济体一旦被原有的增长机制锁定则难以突破"中等收入陷阱"，一国很容易进入中等收入阶段的停滞徘徊期（世界银行，2006）。中国自 1978 年以来持续 30 年的经济高速增长，使中国迈入了中等收入国家行列，原有增长模式和路径能否在未来 30 年使中国继续保持高于世界经济平均增长速度的增长率，引导中国跨入高收入国家行列，成为横亘在政策制定者和学者之前的一个亟须解决的重要问题。自 2008 年全球金融危机爆发以来，中国经济增长速度开始减速，中国经济进入下行通道，"中等收入陷阱"问题对中国经济的挑战也已经开始逐步显现。如何在经济增速放缓的时期实现增长模式的转变和经济结构的升级，进一步释放改革红利，推动中国进入高收入国家成为政府和学界关注的重要问题。包容性增长模式能有效提高社会各阶层参与经济活动的机会，并致力于推进分配领域的机会公平，实现低收入群体的收入提高和贫困人口的减少。低收入群体的收入提高和贫困人口的减少能通过低收

---

① 数据来源：世界银行数据库，单位为现价美元。
② 张平、陈昌兵、刘霞辉：《中国可持续增长的机制：证据、理论和政策》，《经济研究》2008 年第 10 期。

入家庭人力资本投资水平和储蓄水平的提高，增加一国人力资本和物质资本的积累；另外，低收入阶层有较高的边际消费倾向，在收入提高的过程中能增加有效需求。要素供给和商品需求水平的同时增进，能进一步提高一国的经济增长水平。基于上述分析，包容性增长对我国实现增长模式的转变，跨越"中等收入陷阱"，推动社会经济的长期可持续发展，具有重要的借鉴意义。

第二节　国内外相关研究

一　包容性增长的内涵

自工业革命以来，全球经济社会发展取得了巨大的成就，世界 GDP 总量从 1960 年的 9.22 万亿美元（2005 年美元）发展到 2013 年的 55.9 万亿美元（2005 年美元），增长了 506.3%；人均 GDP 由 1960 年的 3037.9 美元/人提高到 2013 年的 7850.2 美元/人（2005 年美元），增长了 158.4%。[①] 在世界经济总量不断提高的同时，贫困人口总数及其占总人口的比重也在逐步下降，按照王小林基于世界银行数据进行的测算，1981 年全球发展中国家消费额低于 1.25 美元/天的贫困人口为 19.4 亿人，占总人口的比例为 52.2%；2008 年这两项数据分别为 12.9 亿人和 22.4%。中国得益于 1978 年后的持续高速增长，减贫效果最为显著，贫困人口从 1981 年的 8.35 亿人下降到 2008 年的 1.73 亿人，贫困人口占总人口的比例从 84% 下降为 13.1%。[②] 如果按照每天消费额低于 2 美元的标准，1981 年贫困人口占中国总人口的比例为 97.8%，2008 年贫困人口占比下降为 29.8%，贫困人口大幅下降，减贫工作取得明显

① 数据来源：世界银行：《世界发展指标》1960～2013。
② 王小林：《贫困测量：理论与方法》，社会科学文献出版社，2012，第34页。

的成效（见图 1 - 5）。[①]

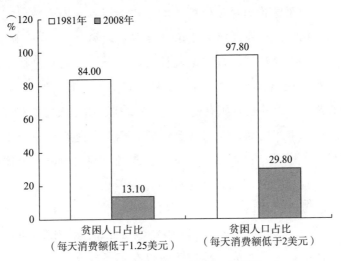

图 1 - 5 中国贫困人口占总人口比重的变化

资料来源：世界银行：《世界发展指标》1960 ~ 2013。

虽然全球范围内的贫困人口数量在不断下降，但在国与国之间，一国或地区内部不同收入阶层之间生活水平差别还很显著。发达国家的新生儿一出生就可以预见较长的寿命、良好的身体状况、安全的饮食和饮用水等，与之相对应，撒哈拉以南非洲的贫困人群的新生儿一出生就面临营养不良、传染病、辍学等的威胁。为实现联合国的千年发展目标，我们还需要投入更多努力进一步缩小贫困人口的规模，提高贫困人口的生活水平。国内外的研究者和国际机构也长期致力于对贫困问题的研究，通过对贫困内涵和影响因素的研究，对贫困概念的界定历经了以下三个过程，将贫困的内涵由货币范畴扩展至非货币范畴，对贫困的认识也不断深化。（1）收入贫困。从收入水平角度界定贫困，依据收入水平标准确定贫困人口，并以此为基础制定政策。（2）能力贫困。从能力

---

① 数据来源：世界银行：《世界发展指标》1960 ~ 2013。

视角界定贫困，贫困是由能力缺失导致的，能力不足是收入领域的收入不足而导致的最起码的能力缺失，识别贫困人口要充分考虑个体禀赋特征，并以此为基础制定减贫政策。（3）权利贫困。在以私有产权为基础的资本主义社会中，个人的权利包括"禀赋权利"和"交换权利"。"禀赋权利"指个人对其所拥有的土地、自身的劳动力等的初始所有权。"交换权利"指个人在生产环节利用个人禀赋生产商品，并与社会中的其他个体进行交换获得商品的权利。在一国权利体制存在不合理或者出现失败时，个体会由于"交换权利"减弱或被剥夺而陷入贫困状态。因此，一国的减贫政策应考虑一国的法律、政治和经济因素，建立合理的权利体系（郭熙保，2005；蔡荣鑫，2010）。"与此相应，自 20 世纪中期以来，理论界关于经济增长的认识也在不断发展，增长理论经历了从单纯强调极化涓滴增长（赫希曼，1991）→基础广泛的增长（世界银行，2001）→益贫式增长或有利于穷人的增长（ADB，1999；世界银行，2001）→包容性增长（亚洲开发银行，2007；世界银行增长与发展委员会，2008）的逻辑演进。"[1] 对增长理论认识的深化，推进了减贫战略和政策的不断改进与完善。

包容性增长的提出，是基于在人类社会经济增长过程中出现了有增长没发展，增长的机会和成果没有惠及社会各阶层的背景。伴随经济的增长出现了不平等程度提高、发展失衡、环境污染、资源约束等不合意现象，为解决这些问题并协调效率与公平之间的关系，亚洲开发银行、世界银行增长与发展委员会和学界开始提出包容性增长这一概念，并对包容性增长的内涵和政策指向开展了一系列的研究。关于包容性增长的定义和内涵，学界和相关国际机构到目前为止还没有形成统一的认识。通过对现有相关文

---

① 杜志雄、肖卫东、詹琳：《包容性增长理论的脉络、要义与政策内涵》，《中国农村经济》2010 年第 11 期。

献的梳理和概括，包容性增长的定义主要有以下三种类型。[①]

第一类，把包容性增长界定为机会平等的增长（Ali and Zhuang，2007；ADB，2007）。在这类定义中，机会平等是包容性增长的核心，机会平等包括参与经济增长的机会和分享经济增长成果的机会两方面的平等。包容性增长既强调通过高速和可持续的经济增长来创造就业和其他发展机会，又强调在经济增长过程中通过机会不平等的减少与消除来促进社会公平和增长的共享性。从结果角度看，Ali and Son（2007）认为，包容性增长的结果包括：可持续和平等的增长、赋予权能、社会包容和安全；同时，快速且可持续的增长应该建立在广泛的部门和区域基础上，包容大部分经济活动的参与者、穷人和弱势群体。

第二类，基于对贫困和弱势群体的关注，认为包容性增长是益贫式增长（PPG）。这类定义的提出是基于部分学者的研究（Besley et al.，2007）发现，经济增长过程中各阶层的获益状况会出现分化，贫困和弱势群体很难从增长中受益，因此包容性增长应使贫困和弱势群体获得充分的从经济增长中分享收益的机会，使其多受益，让低收入群体过上有尊严的生活，进一步提高其参与经济活动的积极性。Birdsall（2007）认为，包容性增长作为一种发展战略，它是益贫式增长的扩展，这种发展具有广泛性，能使发展中国家的大多数人从经济增长中获益，实现实质性发展。由于这一发展模式重视社会各阶层的广泛参与和发展，有利于形成社会共识以实现社会稳定，在经济与政治上更具有持续性。

第三类，基于全球视角界定包容性增长。杜志雄等（2010）认为：（1）从中国经济发展的实际看，包容性增长是一种"普惠

[①] 包容性增长定义的类型划分依据杜志雄等（2010）的观点，见杜志雄、肖卫东、詹琳《包容性增长理论的脉络、要义与政策内涵》，《中国农村经济》2010年第11期。

式增长"，即通过物质财富的不断积累实现全体民众逐步过上富裕生活的目标。在收入分配领域，应提高居民收入在国民收入中的比重和劳动报酬在初次分配中的比重，缩小收入差距水平，以实现公平分配。（2）在国际层面上，包容性增长是一种"开放性增长"，国与国之间在开展经济合作时应该互相关照，互惠互利，携手发展，实现大家共赢的局面。

二　包容性增长的政策目标

基于对包容性增长的定义和内涵的认识，结合发展中国家的发展现状和发展战略的实施效果，部分学者通过研究归纳出实现包容性增长的政策导向。

1. 实现机会平等。机会平等是包容性增长的核心，包含参与经济增长的机会和分享经济增长成果的机会这两方面的平等。就业是社会各群体参与经济活动的主要渠道，要实现包容性增长必然要求在就业机会方面尽量实现公平，为社会各阶层创造充分的就业机会。一方面，经济增长是基础，没有经济增长就难以创造新的就业机会；另一方面，就业机会领域的平等能通过进一步提高物质资本和人力资本积累水平等途径促进经济增长，为经济增长提供持续的动力（Ali，2007；Ali and Son，2007；Ali and Zhuang，2007）。相关研究认为，从政府层面来看，要实现机会平等，一方面，需要政府投资于基础设施、教育和就业培训等领域，提高一国经济发展的物质基础设施水平和人力资本水平，为社会大众提供充足的社会公共服务，并保证各阶层获取公共服务和基础设施的机会均等。同时采取以市场为导向的经济发展政策，并辅之以稳定的宏观经济政策，实现经济的稳定持续增长，创造充分的就业机会。另一方面，政府应解决制度缺失和市场失灵问题，完善制度和法律，提高治理水平，为实现机会公平提供良好的制度环境（Ali and Zhuang，

2007；李长安，2010；唐均，2010）。

2. 促进有效、持续的经济增长。一些学者（Ali，2007；Ali and Son，2007；Ali and Zhuang，2007）研究发现可持续发展在包容性增长的实现过程中发挥了重要作用，有效、可持续的经济增长重视市场的导向作用，关注经济增长创造体面的工作机会的效果，兼顾效率与公平的协调，注重资源和环境的可持续性，为包容性增长的实现提供了基础。Felipe（2007）分析了就业与包容性增长之间的联系，认为包容性增长应该通过合理的就业制度安排实现充分就业（特别是提高贫困人口的就业水平），就业水平的提升可以通过收入提高和人力资本积累等改善穷人的状况，进而缩小贫富差距，提高一国或地区的包容性。

3. 增强能力和提供有效的社会保障。Ali and Son（2007）认为提高人力资本水平能有效支持包容性增长的实现。他们的分析发现，提高社会包容性需要对以下三个领域进行干预：教育、健康以及其他社会服务（例如饮用水、公共卫生等），教育、健康等领域公共服务的有效提供能提高公民尤其是弱势群体的能力。贫困人口能力的提升，对减少贫困、提高社会包容性能起到正面的激励作用。此外，在经济形势出现波动的情况下，贫困人群较之其他阶层更容易受到冲击，缺乏足够的能力避免或减少损失，政府有必要通过提供完善有效的社会保障和建立社会安全网等措施来防止社会弱势群体被极度剥夺（Ali，2007）。

三 包容性增长的测度

国内外研究者的研究界定了包容性增长的定义和内涵，并分析了基于包容性增长内涵的政策指向。为提高政策实施的效果，有必要研究如何对一国或地区的包容性增长实现程度进行衡量，并分析其影响因素。通过对国内外相关文献的回顾发现，对包容性增长的定量研究不多，Ali 和 Son（2007）提出了绘制机会曲线的评价方法，[1] 以对机会公平的评估来评价包容性增长，该方法比较适用于评价单项指标的公平和包容性的状况，如教育、就业，但不适合评价一个国家或地区总体的包容性增长。McKinley（2010）提出了用综合指标体系方法评价国家层次的包容性增长水平的方法，[2] 该方法将评价包容性增长的指数分为四个维度：（1）经济增长、就业和经济基础设施；（2）减少贫困和促进公平；（3）能力发展；（4）社会保障。基于该指标体系 McKinley 对亚洲 6 个国家[3]的包容性指数进行了计算，并评价了各国的包容性增长实现程度和影响因素。

第三节　主要内容及结构安排

本书试图从理论演进角度对包容性增长的理论发展脉络进行梳理，分析包容性增长的理论基础和现实背景，通过对包容性增长的理论内涵的研究，把握包容性增长的实质和政策指向。在此基础上对中国现行增长模式的包容性进行分析，并提出相应的政策建议。

第一章，导论。介绍选题的背景及研究意义、研究内容和结构安排、重点和难点等问题。

第二章，经济增长、贫困和不平等的理论演进。这一部分首先讨论了经济增长内涵的演变和经济增长的特征，简要分析了经

---

① Ali I, Son H H. Measuring Inclusive Growth. *Asian Development Review*, 2007, 24（1）: 11.

② McKinley T. Inclusive Growth Criteria and Indicators: an Inclusive Growth Index for Diagnosis of Country Progress. Asian Development Bank Working paper, 2010（14）.

③ 这 6 个国家是孟加拉国、柬埔寨、印度、印度尼西亚、菲律宾和乌兹别克斯坦。

济增长与福利水平增进之间的关系。在此基础上，概括说明了经济增长与经济发展之间的关系，并进一步讨论了经济增长进程中的收入不平等问题。其次，通过对国内外文献的梳理，分析阐明贫困的含义，进而说明了度量不平等的不同指标。通过分析说明人际相异性是造成贫困的主要原因，包括个人所处环境的差别和个人技能的差别（如教育、身体健康程度等）。最后，分析说明基于一定道德判断和价值立场的社会选择如何影响贫困和不平等问题的解决。

第三章，从不平等到实质自由，多元价值观的相容性。这一部分基于对贫困和不平等的分析，论证说明平等这一价值取向如何从收入领域向能力领域再到自由领域拓展，分析不同领域平等的实质内涵。分析评价了功利主义、契约主义和古典自由主义这三种价值观，通过评述不同价值观关于平等的观点，分析说明阿马蒂亚·森提出的发展观对各种价值观的整合。包容性增长吸收了森的发展观的内容，其在关注经济增长的同时对平等问题的关注，及其对解决不平等问题的价值观都凸显了包容性增长是一种符合社会道德取向的社会选择。

第四章，公平、效率与可行能力。这一部分通过对效率和公平的概念及实现条件的梳理，从理论发展视角深入分析了公平与效率的关系。从公平与效率交替的视角，描述了中国自 1978 年市场经济改革以来两者关系的演变，以及社会价值判断的变化。基于此，为实现公平与效率的协调，不断深化市场经济改革和优化资源配置是重要的途径。中国可通过转变政府职能、强化经济效率观念、完善收入分配、建立统一的城市劳动力市场、建立完善的社会福利保障体系及风险防范体系等改革措施，协调公平与效率的关系。

第五章，包容性增长视角下的教育机会均等。在包容性增长视角下，个人可行能力的拓展能协调公平与效率，而个人可行能力拓展的一个重要影响因素就是机会。要拓展社会各阶层人群的可行能力，在实现效率的同时兼顾公平，争取机会均等就成为一种合理的选择。本章重点研究机会均等中的教育机会均等的含义、实现条件和教育机会均等与经济增长的关系，包括以下内容：一是机会均等的含义和构成要素，指明机会均等包括参与经济增长的机会均等和分享经济增长成果的机会均等；二是教育机会均等的含义和实现条件，及关于教育机会均等的争议；三是基于教育与人力资本、教育与经济增长之间联系的分析，阐明教育机会均等对推进经济增长的作用。

第六章，中国经济增长的包容性实现程度和政策指向。这一部分首先基于包容性增长框架下对机会均等的界定和内涵，分析了机会均等的构成要素和实现条件，阐明包容性增长模式下机会均等的核心是参与经济增长的机会均等和分享经济增长成果的机会均等。其次，通过回顾国内外学者评价包容性增长实现程度的方法，结合前文对包容性增长内涵和理论脉络的分析，采用建立综合指标体系的方法构建包容性增长指数，通过计算包容性增长指数来衡量包容性增长的实现程度。基于中国包容性指数的测算，对1990～2008年中国经济增长的包容性实现程度进行分析，描述包容性增长指数变化的具体特征，进而阐明包容性增长实现的制约因素。最后，在前文对包容性增长进行理论分析的基础上，结合中国在经济增长过程中的包容状况，阐述中国实现包容性增长的政策指向。这些政策主要包括：（1）对增长价值观的重塑，转变经济增长方式，实现有效、可持续的经济增长；（2）构建促进权利平等的制度安排，推进权利平等。

第二章 经济增长、贫困和不平等的理论演进

在已有研究中，对于包容性增长的内涵存在不同的看法，通过对相关文献的回顾，本章认为包容性增长的基础是经济增长，同时在增长过程中要消除贫困、减少不平等、增进社会福利。要理解包容性增长，就需要对经济增长、贫困问题和不平等问题的理论发展进行梳理，分析三者之间的联系。本部分就经济增长的内涵、特征和收敛效应，贫困的含义和影响因素，不平等的界定和消除不平等的社会选择等问题展开讨论。

第一节 经济增长理论

一 经济增长的内涵和特征

（一）经济增长的内涵

经济增长理论可上溯到亚当·斯密（1776）和大卫·李嘉图（1817）的古典政治经济理论，为应对失业危机，他们考察了国民财富、就业与投资、储蓄与消费之间的关系。到了1930年代，凯恩斯采用总量分析方法，提出了国民收入和就业人数达到均衡的收入决定论。其后，哈罗德、多马根据凯恩斯的有效需求理论，建立了长期化和动态化的哈罗德－多马增长模型。在1950

年代，罗宾逊、卡多尔提出了资本产出率可变的剑桥增长模型，索洛和斯旺建立新古典经济的生产函数模型，提出了测算技术进步的"索洛剩余"，从增长源泉层面揭示技术进步、资本和劳动对经济增长的贡献。而由库兹涅茨、肯德里克、丹尼森等建立的经济增长的因素分析模型和增长核算理论，提出了全要素生产率的核算概念和国际比较方法。经过一段时期的沉寂之后，1980年代中期，以罗默（Romer，1986）、卢卡斯（Lucas，1988）为开端，多位研究者摆脱技术进步作为外生变量的束缚，建立了内生增长模型，倾力研究"长期经济增长的决定因素"，进行多国模型的增长趋势预测。

经济增长最精要的定义是"一国生产的商品和劳务总量的增加"。另一个更广义的说法是"经济增长包括扩大和改进决定生产能力的诸要素的过程在内"（佩特逊，1974）。由于国民收入的大小不但取决于商品和劳务的总量，而且取决于各类商品和劳务的价格，因此需要消除价格变动的影响，按不变价估算国民收入。为了增加国家之间的可比性，则需要采用购买力平价方法，消除各国货币的币值和汇率变动的影响。此外，西方学者坚守从亚当·斯密、大卫·李嘉图、托马斯·马尔萨斯到晚近的 Frank Ramsey（1928）、Allyn Young（1928）、Frank Knight（1944）、Joseph Schumpeter（1934）等的学术信条，他们认为："经济增长必须和人口增长的速度相配合，经济增长要为增加的人口提供额外的工作、商品和劳务。"[1] 在长期中，不但国民收入要持续增长，而且人均国民收入也要持续增长。因此，国民收入和人均国民收入的增长率，成为经济增长理论的研究基础。

从 20 世纪 50 年代开始，世界各国由战时经济管理转向长期经

---

① 冯彬：《投资增长与经济增长问题的理论思考》，《金融科学》1992 年第 2 期。

济增长管理，凯恩斯国家干预的主张，成为各国政府主导经济的自觉行为，先发国家出现了技术进步驱动的快速增长，后发国家则开始进入现代意义上的经济增长轨道，在先发国家与后发国家之间，以及先发国家之间、后发国家之间出现了你追我赶的追赶经济浪潮，进入了经济增长的"黄金时期"（麦迪森，2001）。经济增长进入国家发展战略规划乃至政党的政治纲领，其至还引发了社会公众的"增长焦虑"。对此，多马指出，"目前，大家对于增长的关心并不是偶然的。一方面它表现出一种忧虑，唯恐在我们的制度中，如果没有增长，就不能有充分就业；另一方面，它又是现代国际冲突的结果。在这个冲突中，增长已成为生存的条件"。[1] 另一位学者巴克指出："在世界范围内的争取人心的战斗中，经济增长是一个中心议题。"

时至今日，冷战也就是巴克所谓的"战斗"业已结束，世界主要经济体出现了向市场经济转型的"趋同"潮流，全球也因此进入一个相对稳定的和平发展时期。尽管如此，经济增长依然是"头等经济议题"和"生存的条件"。一方面，发达国家寻求通过经济增长来实现其在世界经济版图中的领先地位和选民的支持；另一方面，发展中国家希望通过经济增长实现赶超，步入高收入国家行列。两位增长理论学者罗伯特·J. 巴罗和夏威尔·萨拉-伊-马丁在其"堪称经典"的著作[2]中指出，经过 40 年甚至更长时间的积累，增长率的微小差异会造成生活水平的巨大差别，其影响远比短期的经济波动更为重要。如果我们能弄明白对长期的增长率具有影响（也许只是微小的影响）的政府政策选择，我们

---

① 罗伯特·M. 索罗：《经济增长论文集》，北京经济学院出版社，1989，第 18 页。

② 罗伯特·J. 巴罗、夏威尔·萨拉-伊-马丁：《经济增长》（第二版），上海人民出版社，2010。

就可以更好地致力于改善生活水平，从而为人类福祉做出更多的贡献。①

把经济增长与改善生活水平、增进人类福祉相提并论，有两个前提条件：（1）在世界各国（地区）的收入分配框架下；（2）按人均国民收入水平（即按"应得"而非"实得"）划分高收入国家（富国）与低收入国家（穷国）。巴罗和马丁指出，人均国民收入平均增长率为正并不意味着全体居民的收入增加了，尤其是那些最贫困者的收入增加了，那些收入在贫困线②以下的人数也不一定因此而减少。实际上，如果经济增长的同时收入不均也在增加，人均 GDP 的不断增长与贫困线以下人口数量的增加完全可能并存。③ 在这里，他们表达了经济增长理论的基本立场：经济增长会带动人均国民收入水平的增长，而人均国民收入水平的增长会改变一个经济体按人均收入排序的等级地位。如果保持一个长时段的经济增长，低收入国家（穷国）可以晋升为中等收入国家，中等收入国家可以晋升为高收入国家（富国）。但是，人均国民收入的增长不会保证一个经济体内部贫困人口的减少或者不平等状况的改善。巴罗和马丁根据 126 个经济体在 1970～2000 年的人均 GDP 数据，采用多国数据加总的方法，得出了 1970 年和 2000 年的世界收入分配曲线，通过二者的比较得到几个结论：①伴随着人均 GDP 的增长，世界收入分布曲线向右移动，在 30 年中，世界人均 GDP 由 4200 美元上升到 7200 美元（1985 年美元），同时，世界居民的贫困率由 1970 年的 20%下降到 7%；②中国、印度、日本、美国的收入分布曲线表明这些国家收入分配的离散程度在这

---

① 罗伯特·J. 巴罗、夏威尔·萨拉－伊－马丁：《经济增长》（第二版），上海人民出版社，2010，第 5 页。

② 按世界银行定义为每天 1 美元（1985 年美元）。

③ 罗伯特·J. 巴罗、夏威尔·萨拉－伊－马丁：《经济增长》（第二版），上海人民出版社，2010，第 6 页。

段时间是扩大的，这些大国出现了贫富差距的加大，其中以中国的不平等恶化最为显著。这种情况实际正是诺顿的"中国社会富裕人口增加了，贫困人口减少了，但不平等却加剧了"[①] 观点的经验基础。

（二）经济增长的特征

N. 卡尔多（1963）曾列出一些他认为能代表经济增长过程的典型特征：（1）人均产出持续增长，并且其增长率不会趋于下降；（2）劳动者人均物质资本持续增长；（3）资本回报率几乎恒定；（4）物质资本—产出比接近恒定；（5）劳动力和物质资本在国民收入中所占份额几乎恒定；（6）劳动者人均产出的增长率在各个国家之间存在较大差距。

在上述诸项中，第（1）、（2）、（4）、（5）基本上与目前发达国家的长期数据吻合，第（6）与跨国数据相一致。仅有第（3）个特征与长期数据相异，长期数据表明实际利率呈现出一种温和下降的趋势。因此，该假说应该被另外一个假说所代替，即资本回报率在一定范围内会随着经济发展而趋于下降。

西蒙·库兹涅茨（1973）提出了现代经济增长的其他特征：（1）从农业到工业、再到服务业的产业结构快速转型；（2）产业结构转型涉及的城市化、劳动力从家庭作坊向雇佣关系的转变，以及正规教育作用的日益增加；（3）伴随着技术进步，经济增长更少地依赖于自然资源。

以亚当·斯密为代表的古典经济学，为现代经济增长理论提供了基本的思想要素。现代经济增长理论的起点是拉姆齐（1928）的经典文献，注入了新古典经济理论的研究方法和语言，出现了1950 年代的学术繁荣，自1960 年代中期以后，增长理论开始变得

---

① 巴里·诺顿：《中国经济：转型与增长》，上海人民出版社，2010，第 185 页。

过于技术化，逐渐失去了与经验应用实践的联系，脱离了现实关
怀而趋于沉闷，增长理论与发展理论的研究领域从此逐渐互相独
立。直到1980年代中期，以罗默（Romer，1986）和卢卡斯（Lu-
cas，1988）为开端，增长理论从短期经济波动研究转向长期经济
增长研究，激发出新的活力。收敛假说的提出对贫困经济体和富
裕经济体之间的经济追赶，及各国和各地区之间的经济增长的动
态趋势，具有很强的解释力。在将 R&D 理论和不完全竞争引入经
济增长分析框架之后，增长理论又取得了长足进展。新近的研究成
果表明：长期经济增长率取决于政府行为（包括税收，维护法治，
基础设施建设，知识产权保护，对国际贸易、金融市场和其他经济
领域的管制等），通过影响长期增长率，政府既可造福百姓，又可为
祸于民。关乎长期增长的政策选择，对富国裕民有重要的影响。

（三）经济增长的收敛效应

为了更好地解释人均 GDP 的增长过程及其影响，人们提出了有
关经济增长的收敛理论。索洛－斯旺模型隐含着两种增长收敛形式，
即条件收敛和绝对收敛。假定有一组封闭的同质经济体（具有相同
的生产函数和相关参数值），经济体之间的唯一区别是人均资本存量
的初始量不同。由于资本—劳动比的初始值较低的国家（地区），其
资本产出具有更高的增长率，资本—劳动比较低的国家（地区）趋
于赶上或收敛于那些具有较高的资本—劳动比的国家（地区），这一
趋势称为条件收敛。如果不以经济体的任何其他特征为条件，那么
在人均收入层面，贫穷经济体趋于比富裕经济体增长更快，这一趋
势称为绝对收敛。条件收敛的主要思想是离自身稳态值越远的经济
体，其增长越快。换言之，一旦稳态的决定因素一定，更低的实际
人均收入初始值趋向于产生更高的人均收入增长率，跨国数据支持
条件收敛。但是，条件收敛概念经常与另一种收敛的含义，即一组
经济体或个人之间的实际人均收入离差（不平等程度）趋于持续下

降,相互混淆。巴罗和马丁证明,即使绝对收敛成立,人均收入的离差也不一定会趋于持续下降。这种概念上的混淆类似于英国统计学家高尔顿（F. Galton, 1888）关于人口身高分布所犯的错误。高尔顿从观察中发现,人类的遗传特性（身高）有回归到其分布的平均数的趋势。后续的研究表明,一个家庭中的身高趋于向各代之间的均值回归的经验观察并不意味着全体人口的身高离差会随时间推移而趋于缩小。同样,有着较低人均收入的经济体趋于在人均收入上更快增长的收敛性质,并不意味着各经济体之间人均收入的离差会随增长过程的持续而趋于减少。

巴罗和马丁根据由拉姆齐（Ramsey, 1928）创立,并由卡斯（cass, 1965）和库普曼斯（koopmans, 1965）完善的拉姆齐增长模型（Ramsey growth model）,用收敛效应进一步解释了索洛－斯旺模型的收敛趋势,并且证明,具有不变储蓄率的索洛－斯旺模型是储蓄率可变的拉姆齐模型的特殊形式。他们将贫穷国家比富裕国家增长更快的收敛趋势称为 β 收敛,将同质经济体的收敛效应称为条件 β 收敛,将非同质经济体的收敛效应称为绝对 β 收敛。[1] 在对 OECD 国家、美国各州和日本各县的多国（地区）的实证研究中,可以观察到条件 β 收敛。假设经济体的人力资本初始水平、政府的政策措施、储蓄率和生育倾向等保持不变,在人均 GDP 的增长率与人均 GDP 初始水平之间存在相关关系。在大范围的跨国样本中,收敛率只有大约每年 2%。因此,一个经济体大约需要 35 年的时间才能消除其初始人均 GDP 与其人均 GDP 目标水平之间差距的一半,因为这一目标趋于持续增加。[2] 此外,在跨国样本中,巴罗和马丁得到了一些值得关注的经验判断:在初始人

---

① β 是一个反映收敛速度的系数。

② 如果与麦迪森的预测结果相比较,并以西欧国家为目标水平,中国从 2002 年到 2030 年间用 28 年时间达到西欧人均 GDP 水平的一半,颇具乐观倾向。

均 GDP 水平相同的情况下，经济增长与人力资本的初始教育程度和健康状况正相关，与法治维持程度正相关，与投资占 GDP 的比率正相关，与生育率和 GDP 中政府消费支出所占比率负相关。

巴罗和马丁等还提出了第二个收敛概念，即 δ 收敛（Easterlin，1960；Borts and Stein，1964；Streissler，1979；Barro，1984；Baumol，1986；Dowrick and Nguyen，1989；Barro and Sala-i-Martin，1991，1992）。如果贫穷经济体的人均 GDP 倾向于比富裕经济体增长得更快，进而穷国倾向于赶上富国，那么 β 收敛成立。在这种背景下，如果经济体之间或者国家内地区群组之间的人均 GDP 水平的离差（按其对数的标准差 δ 计量）持续下降，那么 δ 收敛出现。他们的研究表明，虽然 β 收敛倾向于带来 δ 收敛，但是倾向于增加人均 GDP 离差的新扰动会抵消这种进程。可以证明，β 收敛不会意味着 δ 收敛，换言之，β 收敛是 δ 收敛的必要非充分条件。

二　福利经济学视域的经济增长

在西方经济学中，经济增长有两个分析层面：一是以索洛为代表的理论模型建构及增长核算，勾画世界增长图景；一是以斯密为代表的富国裕民之古典政治经济学的目标追求，经过边沁、穆勒、庇古的发展，形成了国民收入持续增长框架下的福利经济学。庇古认为整个社会的经济福利取决于两个基础因素：国民收入的大小和国民收入的分配。当国民收入分配状况一定时，国民收入越多，人们消费的商品和劳务会越多，从中获得的满足会越大，则全社会的经济福利越大；当国民收入一定时，国民收入的分配越是均等化，社会的经济福利越大。庇古还指出：在下述两种情况中，整个社会的经济福利是否增加是不确定的。一是在国民收入增加的同时，收入分配背离了均等化的方向；二是收入分配趋向均等化的同时，国民收入减少了。庇古主张政府以收入分配趋向于均等化为目标对自发形成的收入分配进行干预，并把外部效应和市场失灵纳入福利经济范畴。[①]

庇古在经济福利的度量上，采用的方法论是基数效用论，后被称为旧福利经济学，以区别于以序数效用论为基础的新福利经济学。其核心观点包括：（1）个人的经济福利是一种心理状态，一种满足感；（2）经济福利是可度量的，从而不同人的经济福利是可比较的，可加总的；（3）整个社会的经济福利是各个社会成员的个人经济福利的总和；（4）因为人们货币投入的边际效用是递减的，而以基数效用论为基础的经济福利又可以在人与人之间进行比较，所以，高收入者将自己的一部分收入转移给低收入者，将使后者增加的福利超过前者减少的福利，于是整个社会的经济福利由此增加。

1930 年代后，西方经济学界对福利经济问题及相关的资源配置理论展开了大讨论，其中以阿罗的不可能定理最为著名。阿马蒂亚·森也是参与争论的学者之一。

因此，本书中涉及的增长问题，实际上属于福利经济学的基本范畴，不过，庇古以收入均等化为干预目标的政策主张不可能获得全社会的福利最大化（1978 年以前的中国，某种意义上实行的也是一种没有个人选择的收入均等化政策），而森的个人能力的自由发展则可能只是中国建立一个包容性增长观（与世界银行的提倡一致）的参照系而已。

三　经济增长与经济发展

第二次世界大战之后，在世界舞台上出现了两种前所未有的历史景观：在国家层面，出现了以美英为代表的发达国家阵营和

---

① A. C. 庇古：《福利经济学》（上、下卷），商务印书馆，2006，第 108～110 页。

以中国、印度为代表的发展中国家阵营。前者拥有资本、技术、健全的民主制度和极高的人均 GDP 水平；在富国与穷国之间，既存在剥夺与被剥夺、控制与被控制的对立冲突的一面，又存在贸易与合作、交流与援助的相互依存的一面。在经济制度、政治制度层面，形成了以美国为首的资本主义阵营和以苏联为首的社会主义阵营。前者以市场效率和资本主义生活方式称霸世界；后者以计划经济的优越性和全民福利制度征服世界。在两大阵营之间，既有剑拔弩张的军事对峙乃至局部战争，又有讨价还价式的缓和及高调渲染的和平竞争。

在世界舞台上，尽管存在富国与穷国之间的差异及矛盾，存在不同意识形态之间的纷争与冲突，但合作与发展仍然是这个时代的主要议题，因为人类确实是将经济繁荣看作幸福之本，将经济发展看作所有其他社会进步的基础。从亚当·斯密到阿尔弗雷德·马歇尔再到西蒙·库兹涅茨，几乎所有的经济学家都认为经济增长是天经地义的，是自然的，是不可避免的和不言自明的。不容置疑的是，对发展中国家而言，在国家对经济现代化路径进行选择的过程中，战后兴起的经济增长理论和经济发展理论，对它们的目标制定和政策选择产生了重大和深远的影响。在 20 世纪五六十年代，发展中国家纷纷在政治上、经济上走向独立，面临各自选择不同的道路和方式谋求发展的共同问题，尽管它们在资源禀赋及经济体制、政治体制上彼此迥异，但在初始点上的社会经济形态基本相似。在这种情况下，一部分西方学者根据英美等发达国家的工业化过程和发展阶段的经验规律，针对发展中国家的具体特征，提出了一整套模式化的解决方案和政策建议。在超过半个世纪的探索和实践过程中，发展中国家以它们的经济增长和发展所积累的巨大能量，影响并改变了原有的世界经济和贸易格局。以信息技术为代表的先进生产力，消除了交易双方在时间和空间上的限制，降低了交易成本，促进了经济全球化和多元化的世界新格局。与此同时，发展中国家作为一个整体，业已出现重大的分化，已经不再处于 1950 年代经济起飞前的情况，现今的相异性远大于过去的相似性，各国都面临不同的发展问题。早在 1980 年代，就出现了"无发展的增长"（growth without development）和"发展危机"（development crisis），发展中国家在谋求增长与发展的历史进程中，不仅面临增长的可持续性问题，还面临发展的可持续性问题。

在西方经济学中，经济增长与经济发展是两个既有联系又相互区别的理论分支，二者大体上都形成于 1940 年代后半期，都声称以亚当·斯密为代表的古典主义的增长和发展观为基础，以哈罗德－多马的动态经济模型分析为出发点。在经济学文本中，"增长"与"发展"可以互相替代。按照罗伯特·J. 巴罗的看法，二者直到 1960 年代才逐渐分道扬镳，井水不犯河水。当然也出现了以西蒙·库兹涅茨为代表的一批既关注增长又关注发展的跨界学者。严格地讲，增长理论已成为宏观经济学的组成部分，而发展理论只是一门边缘性、综合性的分支。经济发展理论按其内容可以分为两类：一类是结构主义的理论。其特点是基于发展中国家在发展过程中的特殊社会结构来分析经济发展问题，以阿瑟·刘易斯提出的二元结构理论为代表。结构主义注意到发展中国家内部社会结构的特点，也注意到外部的国际经贸结构的特点，强调开放条件下的经济发展。另一类是非结构主义的理论。它以英美等发达国家所经历的增长与发展阶段为经验基础，用新古典经济理论来解释经济发展问题，根据比较利害原则和成本最小化原则，认为根据各国的资源禀赋实现市场化配置，每个国家和整个世界都会享有最高的经济福利，新古典学派认为竞争均衡理论是适合一切国家的，它曾经指导过发达国家的发展历程，也正在指导发展中国家的发展道路。在区别经济增长与经济发展两个不同概念时，需要注意的是，前者含义比较单一，主要是 GDP 增长和人均 GDP 增长；而后者则具有广泛的含义，经济增长是经济发展的前提条件，随着经济的增长将会出现经济结构、社会结构乃至政治结构的变化，这些变化可以看作经济发展状况的不断改善，或者说个体福利的改善。一般而言，经济发展意味着普遍存在于一般发展中国家的三种基本状态的改善，即贫困、失业和收入不均状态的改善。经济发展概念的广泛性和不易测度性，决定了经济发展目标的多样性和非量化性。这也就意味着发展中国家可以具有不同的社会选择序列抑或优先目标。① 同时还意味着新古典主义在发展经济理论中的主导地位。新古典主义对经济发展有三个基本观点：（1）发展是渐进的、连续的和累积的过程；（2）发展是和谐的、平稳的过程；（3）经济发展的利益会自动地、逐步地分润到社会全体。随着经济的发展会出现横向的"扩散效应"和纵向的"涓流效应"，这两种效应会自然而然地促使经济发展所得到的利益惠及社会各阶层，最终达致帕累托最优状态。

西方学者把发展经济学看作一套经验的概括、一套范例和工具。但是，在经济全球化背景之下，例如，对于中国、印度、巴西、墨西哥等发展中国家而言，人们很难从它们的发展历程中归纳出一套共有范式。即便对于一些基本的发展问题，这些国家也没有墨守发展经济学家提出的学说和教案。事实上，不仅中国的发展模式不具备可复制性，其他国家也是如此。因为发展机遇的"窗口"不会永远开放。如果要找到一种具有普适性的经济发展理论，不能不关注到阿马蒂亚·森的"友善性"发展理论。森突破了传统意义以 GDP 及人均 GDP 增长或工业化来定义"发展"的狭

---

① 优先目标可以是最大化 GDP、效率优先、基础设施优先等。

隘观念，把个体的实质性自由看作发展的组成部分，认为发展就是要消除那些限制人们自由的主要因素，而发展的目标就是提高人们按个人意愿选择生活的能力。他指出，实质自由和权利对经济进步和市场机制的贡献是具有直接的建构性作用，对 GDP 及人均 GDP 增长及工业化有额外的间接贡献。随着时间的推移，发展中国家实践经验的不断积累，对发展中国家尤其是中国在发展历程中遇到的一些基本问题的解决，森的发展理论在一定程度上凸显出积极的导向性作用。

四　经济增长进程中的收入差距变化

（一）库兹涅茨假说

1955 年，西蒙·库兹涅茨在美国经济学会的会长致辞中提出了一个著名的猜想。[①] 在对不同国家国民收入中劳动份额变化的零散的可比数据做出分析之后，他认为，可以尝试着把经济增长分为两个具有相反的分配效果的阶段。在较早阶段，资本相对于无限供给的非熟练劳动工人是短缺的。这种情况与古典经济学的悲观结论相吻合，经济发展增加了对资本的需求，而非熟练工人难以替代资本，从而资本的份额增加。资本接着进行积累，人口增长速度有一定程度的下降，普遍的技能水平有所提高，直到劳动相对于资本而言变得稀缺或"重要"。在上述条件下，劳动份额先是保持稳定，然后开始增加。在收集到更详细的统计数据之后，库兹涅茨（1959）再次表明，对大多数国家来说，劳动份额在第二阶段中一致趋于上升。后人将这一"猜想"抑或"假说"用一个简要的图形来表示，遂由"假说"演变为"库兹涅茨倒 U 形曲线"（见图 2 - 1），或者"库兹涅茨定理"。

---

① Kuznets S. Economic Growth and Income Inequality. *The American Economic Review*, 1955, 45（1）: 1 - 28.

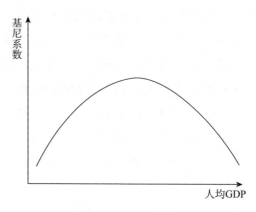

图 2 - 1 库兹涅茨曲线

如果仅仅是一个初步的"猜想"或"假设",感兴趣的学者可以随多国资料数据的积累和增多进行证实（或证伪）。但是，根据实证主义原则，证伪一个假说远比证实一个假说困难得多。因为证伪旧假说就意味着新假说的诞生，即所谓的"范式革命"。在新假说出现之前，如果当事人为一方（发展中国家）静待增长—分配第二阶段的来临，收入分配自动向劳动者倾斜，西方学者为另一方等待随后的经验检验，那将是经济学史上最为漫长的一页。然而，之所以会出现这一结果，很大程度上是受到另一个经济理论的影响。1954 年，阿瑟·刘易斯提出的系统的人口流动理论论证了劳动力由乡村向城市转移的问题。[①] 刘易斯的理论，一般被称为"无限过剩劳动力发展模式"或者"二元结构发展模式"。库兹涅茨假说与刘易斯二元结构理论之间有一个共同的连接点：即农村剩余劳动力的充分流动，是加快经济增长和工业化的推动力。库兹涅茨假说在收入分配方面强化了刘易斯二元结构理论的可预测性和可行性。使刘易斯的二元结构理论在结构主义体系中占据了统

---

① Lewis W A. Economic Development with Unlimited Supplies of Labor. *The Manchester School*, 1954, 22（2）: 139 - 191.

治地位，并对发展中国家的政策选择和社会安排产生了深远的影响。刘易斯的追随者费景汉和古斯塔夫·拉尼斯在 40 余年之后再度审视库兹涅茨假说和刘易斯二元结构理论的时候指出，库兹涅茨至少含蓄地接受了刘易斯的二元经济理论框架，即两位诺贝尔奖获得者都持这样的看法：在公平的问题上，必须"否极方能泰来"。①

　　结构主义者认为，发展经济学的前期理论首先集中于 GDP 和人均 GDP 增长，以及就业，而将可能干扰上述目标实现的收入分配和生活质量问题留到"以后"。在这一主张的背后还隐含着这样一种暗示：既然富人较穷人有着更高的储蓄倾向，要提高储蓄率和投资率，社会首先必须容忍收入分配的恶化，然后才能进行重新分配。只有实现了现代经济增长，经济才能负担得起更高的工资率和更高程度的公平。根据库兹涅茨假说，形成了一种一般性的观点：在转型增长阶段，增长与公平之间存在矛盾是自然的，不可避免的。他们为自己辩护说，单纯的经济增长一般是发展中国家既定的主要目标，在多数发展中国家，收入分配状况一般一开始就不好，并且随着时间推移，很可能变得更加恶化。在半个世纪之后，他们改变了原来的看法，他们承认，把公平分配问题推迟到某个不确定的将来再考虑，以及增长与公平目标在长期必然发生冲突的假设也许是非常错误的，并且这一观点变得越来越清晰。但是作为坚定的结构主义者，费景汉和拉尼斯在根本问题上仍然采取首鼠两端的态度：一方面，对于库兹涅茨假说，他们认为可能并不存在随经济增长的实现出现使初始收入分配状况恶化的"自然法则"；另一方面，他们仍然坚守费景汉－拉尼斯三阶段模型的基本观点：只要劳动力无限供给条件持续下去，当技术充分地倾向于使用劳动力，且克服创新强度效应时，功能性分配

---

① 费景汉、古斯塔夫·拉尼斯：《增长和发展：演进观点》，商务印书馆，2004，第 373 页。

效应有助于改善收入分配。

（二）发展中国家库兹涅茨转折的实现

由落后的农村农业生产部门和相对进步的城市工业部门构成的二元经济结构模式，概括了发展中国家在工业化前期阶段的基本特征，在开放的市场经济条件下，通过要素和信息的自由流动，依靠市场力量追随或模仿先发国家的成功模式，完成本国的工业化和现代化。然而大多数发展中国家实行的是封闭的混合经济制度，人身依附或土地依附限制了劳动力的自由流动，并且固化了剩余劳动的累积。由于资本匮乏、技术落后，后发国家只能依靠政府采取集体动员方式，通过某些重大的社会安排，① 建立一个开放的市场体系，突破"发展瓶颈"，实现所谓的"经济起飞"，驱动本国经济进入增长轨道。结构主义者的主要兴趣在于采取什么政策去释放劳动力，去强化这种流动，② 通过劳动力由低效率部门向高效率部门的转移流动，实现 GDP 和人均 GDP 的快速增长。结构主义把发展问题聚焦于农村剩余劳动的释放，以劳动力转移为导向通过资源在农业与工业之间、农村与城市之间的再配置，快速推进工业化。

在今天来看，这一思路留下两个问题：第一，剩余劳动的释放扩展了个人自由选择的可行能力，但是这种改变是有限的，以市场为基础的契约劳动尚不能保证流动劳动力免受歧视和权利侵犯。从某种意义上看，剩余劳动力依然是全球产品链中的低成本要素。第二，进入城市的剩余劳动力在运用个人自由来改善个人生活方面，由于其经济地位居于社会底层，社会参与能力偏低，在收入—能力转换中，收入不足造成能力缩水，因此改善程度有限。

---

① 例如社会资本国有化或者土地改革等。
② 例如，利用外资和技术、宏观经济计划化、分阶段的进口替代或者出口导向政策等。

　　农村剩余劳动力转移在中国的转型增长中是一次至关重要的社会变革，对于中国在 21 世纪的崛起，产生了极为深远的影响。因为 1978 年以前的中国，按照计划经济体制的传统教案，为了实施由农业部门提供剩余积累来支持重工业优先发展的增长战略，选择了以人民公社为农村基层计划单位、城乡分割、工农分离的制度安排。农民依附于基层组织，失去了自由选择的机会。这种安排一方面造成了巨量剩余劳动的积累，另一方面造成了连接城乡、连接农业部门与重工业部门产业的空白。最终，短缺经济和资源闲置导致了计划经济的不可持续。1978 年改革开放的第一件大事，就是以土地承包责任制为契机，开启了人类历史上前所未有的劳动力转移，超过 2 亿人投身到劳动力流动大军中。到世纪之交，随着中美、中欧贸易的协同化、模式化，劳动力的释放进入鼎盛时期。在过去的 30 余年中，劳动力转移强化了城乡之间、沿海与内地之间的空间联系（从经济到社会文化层面），优化了农业与工业之间的产业经济结构，国内经济的一体化支撑并推动一个规模巨大的制造业参与了全球化竞争，并影响和改变了世界经济格局。从人类历史视角看，大规模的人口流动乃是推动社会进步和经济发展的一种力量，而且自由流动本身就意味着社会对个体自由、权利的认可，以及对追求财富的鼓励。在市场力量的作用下，贫富差距扩大、不公平状态恶化就成为一个现实的问题。

　　中国的改革开放是以"实践优先"原则为导向的，是一个"干中学"的过程，通过实践检验真理，纠正错误。不言而喻，增长理论和发展理论自然成为转型增长过程中的理论参照系之一。有的学者认为，我国的增长（发展）过程就是由传统二元结构向现代经济的一元结构转换的过程，其间，人民生活将从贫困起点上，经历温饱、小康后步入丰裕状态。有学者还提出了关于公有经济发展的"陈氏倒 U 形曲线"。[①] 陈氏定理认为劳动差别（简单劳动与复杂劳动）和剩余生计比（将劳动收入分为生计收入与剩余收入）两个变量在经济发展中的变动方向均是先升后降。由于收入差别与这两个变量均为正相关，所以收入差别必然是倒 U 形的。有人认为，陈氏定理在运用现代西方经济学分析社会主义经济方面填补了空白。[②] 照他们来看，在发展过程中，当二元结构的经济特征悄悄地发生演变，甚至蜕化消失，剩余劳动力也随时间的推移慢慢消失时，经济就接近它发展历程中的一个转折点，即从二元经济转变为现代一元经济的转折点，这一点正是发展中经济过渡到发达经济的转折点。[③]

经济发展理论似乎有一个学术传统（以库兹涅茨为代表），总是把一个国家的发展（增长）过程，按不同的学说划分为不同的发展阶段，每一阶段都有相应的临界指标参数，以及对应的政策选择。完成前一阶段可进入后一阶段，前者是后者的基础。但唯独对库兹涅茨倒 U 形曲线的转折点，西方学者大都语焉不详，不甚了了。库兹涅茨假说的思路是在增长与公平之间存在替代或取舍，在转折点之前，以效率替代公平有利于个体偏好的满足；在转折点之后，社会更倾向于对公平的关注，社会福利得到改善。库兹涅茨假说的前提是以时间为维度的人均 GDP 的持续提升。但是，一个社会如果由于不公平状态恶化，经济及社会出现不稳定，人均 GDP 增长几近停滞，则在达到转折点之前就可能落入中等收入陷阱，例如巴西和墨西哥。根据 A. Heston 和 T. Sicular 提供的数据，1980 ~ 2004 年按 PPP（国际元）计算的人均 GDP 年均增长率，巴西为 0.4%，墨西哥为 0.5%。而基尼系数，巴西在 1983 年为 0.6，2001

---

① 陈宗胜：《经济发展中的收入分配》，上海三联书店，1994。

② 杨胜刚：《经济发展与收入分配》，社会科学文献出版社，1994。

③ 谷书堂主编《社会主义经济学通论》，高等教育出版社，2000，第 36 章。

年为 0.61；墨西哥 1984 年为 0.51，2002 年为 0.56。[1] 实际上，人们很难确定，究竟是不公平状态恶化阻滞了人均 GDP 增长，还是人均 GDP 增长的不可持续加剧了基尼系数上升，或者二者会相互作用。此外，人口流动亦是这两个国家在前期发展阶段的基本特征之一。在 1970 年代，这两个国家的劳动力供给就已经越过刘易斯转折点，形成一体化的劳动力市场。然而，剩余劳动力的释放只是在前期发展中的阶段性有利因素，而不可能是一个长期因素。当剩余劳动力耗竭之后，资本—劳动的关系被固化在某一个水平，廉价劳动力的本质属性不变，劳动收入的改善程度是有限的，这两个国家的基尼系数居高不下，就是一个例证。

在勃兰特和罗斯基分析中国发展的著作中，他们认为，经济学家长期以来一直在争论收入分配不平衡与经济发展的关系，库兹涅茨假说已经成为许多理论和实践的研究课题。他们指出，中国的情况处于库兹涅茨曲线的上升部分，和其他国家相比，中国的收入分配状况与墨西哥及尼日利亚相似。[2] 巴里·诺顿在其著作中同样指出，中国正处于库兹涅茨倒 U 形曲线的第一阶段，库兹涅茨的观点对于中国来说是正确的。他认为，如果政府的社会政策能够重新定位，发展的大趋势就会增强，从而使中国成为更加平等的社会。[3] 我国学者蔡昉指出："库兹涅茨倒 U 形曲线的转折点，即从收入差距扩大到收入差距缩小的这个转折点，究竟是：（1）某种发展条件的变化引起的。如果存在一种发展条件，在特定的发展阶段上出现，并且具有缩小收入差距的功能，那么，这个条件是什么，在什么时间出现呢？还是：（2）政府干预的结果。如果归根结底收

---

[1] 劳伦·勃兰特、托马斯·罗斯基：《伟大的中国经济转型》，上海人民出版社，2009，第 21~25 页。

[2] 劳伦·勃兰特、托马斯·罗斯基：《伟大的中国经济转型》，上海人民出版社，2009，第 36 页。

[3] 巴里·诺顿：《中国经济：转型与增长》，上海人民出版社，2010，第 194 页。

入差距的缩小是政府政策的结果，那么，政府从容忍收入差距的扩大到着力解决收入差距的转变动机是什么？转变的时机又在何时呢？"[1] 显然，某种至今尚未为人知晓的"发展条件"是不可能存在的，解决公平分配问题，只有依赖政府做出的社会安排。

蔡昉根据对人口与劳动力的长期研究，在国内首次提出，从2010 年代中期开始，中国的二元经济正逐渐逼近"刘易斯转折点"，中国由此将进入一个经济发展新阶段。他认为，库兹涅茨转折点与刘易斯转折点之间，应该具有密切的相关性，即当刘易斯转折点出现时，只要具备三个方面的条件，库兹涅茨转折点也可能出现。其条件如下：第一，劳动力市场发育水平提高（当劳动力没有制度约束时，意味着他们可以更充分地流动）；第二，政府再分配水平的提高和效率的改善；第三，改善收入分配的社会共识的提高，包括社会对再分配高度重视和人们能够从更积极的角度评价政府改善收入分配的行为。他认为，一旦这三个条件具备，我们就有理由认为库兹涅茨转折已经开始，这是我国学者对我国经济发展（增长）进程所做出的极富创见的论断之一。他超越了那种坐等收入差距自动缩小，企望"否极泰来"的自闭式陋见，以及动辄就是资源再配置、结构再调整的狭隘眼界，聚焦于发展阶段转换的大战略问题，虽然表述简单，但正如克劳塞斯维茨所说，"简单并不意味着容易"。

就第一个条件来讲，要消除对劳动力的制度约束，实现自由流动，就需要改革长期悬而未决的户籍制度，不是由政府而是由法律来保障劳动者的经济权利，而政府应该为充分就业创造经济机会。第二个条件应涉及一些更为基础性的社会安排，例如个人不动产（住宅、建筑物、土地）登记制度、个人账户制度，以及

---

[1]　蔡昉：《刘易斯转折点》，社会科学文献出版社，2008，第 184～185 页。

居民（住户）家计调查制度等，才有可能提高再分配水平，改善其效率。第三个条件最为重要，亦是实现前两个条件的基础，即改善收入分配的社会共识。从 1970 年代末到 2010 年代初，中国的经济规模始终处于持续扩张之中，个人收入和财富随改革开放的深化依照个体的可行能力快速增长。当一些人的年薪由 2 万元升至 5 万元时，另一些人的年薪则由 20 万元涨至 100 万元，或者 500 万元。在贫富差距的背后，逐步形成了得利者群体和失利者群体的分化。前者具有充足的收入和强有力的可行能力，通过广泛的社会参与，力求固化其社会地位和经济地位。后者的收入不足，可行能力匮乏，由于社会参与能力缺失，也就失去了诉求平等的机会。利益得失引发了种种社会矛盾和冲突，从而导致了社会共识的碎片化，乃至社会选择的拖延和不作为。社会共识的缺失，集中表现为对某些社会安排的歧视及纷争。① 事实上，在缺乏社会共识的背后，是价值观的对立与冲突。平等主义与反平等主义、发展主义与反发展主义之间的交锋，在学术思想界是正常的。一种智慧的理性选择是，在不同的价值取向之间寻求多元化的包容，在宽容的基础上达成稳健的社会共识。从发展中国家的实践看，一些极具发展潜力的国家之所以过早地落入中等收入陷阱，其原因不在于其国民缺少智慧和理性，而在于未能形成跨越中等收入陷阱的社会共识。随着我国人口年龄老化，劳动人口增长减速，"未富先老"现象在某种程度上暗示存在过早进入中等收入陷阱的可能性。显然，只有积极创造条件，达成社会共识，才能

---

① 例如，我国 2008 年实施的《劳动合同法》，在颁布之始就引起了激烈的争论，至少有三种具有代表性的批判意见：（1）该法的出台时机尚早，可能助推中国劳动力成本提高的趋势，导致劳动密集型产业的比较优势过早丧失；（2）过度保护劳动者可能产生养懒汉的现象，提高企业用工成本可能伤害雇主和雇员的雇佣关系，结果导致就业机会减少；（3）把劳动关系的天平向劳动者一方倾斜，不可避免的结果就是提高劳动力成本。

促使库兹涅茨转折出现，推动中国经济发展进入新阶段。

第二节　贫困的含义和不平等的界定

不管是在发达国家还是在发展中国家，政府之所以重视经济增长，一个重要原因就是经济增长对减少贫困具有积极作用，很多研究都认为经济增长是解决贫困的一个重要途径。包容性增长也强调经济增长对消除贫困的作用，所以我们有必要对贫困的含义、贫困导致的不平等和造成贫困的原因等问题展开分析。

一　贫困的含义

"贫困"是一个极具复杂含义的字眼，本质上是个人因为自由选择能力的缺失或者个人在收入及财富数量上的不足，而使个人（家庭）所处的一种生活状态。"贫困"既可引发同情、怜悯直到社会救助，又可以招致憎恶、蔑视，直到用"效率优先，兼顾公平"的原则替换"适者生存"的丛林法则。在现实生活中，人们追求富裕而规避贫困。因此，美国学者马丁·布朗芬布伦纳写道："贫困就像一个丑陋的妇人，说起来容易，要下定义却很难。如果再仔细想想，就算随便说说也成问题。"[1] 由于"贫困"一词以各种形式被广泛使用，而多方使用的结果是限制了对贫困这一概念的本质的认识，所以人们无法完全自由地根据自己的偏好去定义贫困。森认为"贫困问题既有叙述的（descriptive）形式，也有政策的（policy）形式"。[2] 在第一种形式里，界定贫困就与实际的政策发生了联系，政策建议只是依叙述性分析的结果而来的，对贫

---

[1] 马丁·布朗芬布伦纳：《收入分配理论》，华夏出版社，2009，第35页。

[2] 阿马蒂亚·森：《论经济不平等：不平等之再考察》，社会科学文献出版社，2006，第317页。

困的叙述性分析是本，而政策决论是衍生的。在第二种形式里，贫困只是被视为公共行为领域的一个"焦点"，在某个政策建议下界定了贫困，即社会主张必须采取措施应对贫困，叙述性的分析反而成了衍生之物。森主张对贫困的"特征阐述"应优先于政策选择。一个国家或社会可能缺乏解决某一个贫困问题的经济能力而未能做出相应的政策界定，但不能因此就否定这一贫困问题的存在。

界定贫困的主流观念是"收入贫困"，即个人（或家庭）的收入低或者收入不足，也可以定义为"不充足的低收入"。自然，"收入低"或"收入不足"是相对于一个国家（社会）全体居民实际收入的平均水平（收入中位数）而言的，通常由国家正式给定一个识别贫困的收入水平——贫困线，并且定期进行修正。贫困线具有前面所说的双重含义，其叙述性形式可以解决"谁是穷人"的识别和加总问题，其政策性形式可以判断"谁符合接受国家帮助的条件"。政策含义体现了一个国家（社会）的道德规范和伦理目标，或者说是由价值观决定的社会选择行为，即"社会不应允许任何人的收入低于此水平，位于该水平之下的人具有从政府获得帮助的法定权利"。[①] 然而，如果一个国家（社会）没有能力来补充那些被识别出的穷人的收入，那么划定贫困线并不会消除他们的贫困。

因此，对贫困问题的认知和解释包括两个既有区别又相互联系的概念：（1）对贫困的承认；（2）消除贫困的道德上和经济上的可能性。实际上，社会对贫困的承认也就意味着对穷人获得救助的权利的承认。但在现实的经济生活中，问题没有那么简单，古典经济学早就把追求财富看作经济人的自利目标。边沁认为，追求快乐回

---

① 阿马蒂亚·森：《论经济不平等：不平等之再考察》，社会科学文献出版社，2006，第 134~135 页。

避痛苦是人的本性，个人的行为选择要看其是否有"功利"或"效用"，而功利或效用的判别标准就是能否"避苦求乐"。"避苦求乐"既是区分人们行为善恶和是非的标准，也是道德和立法的原则，而立法者的任务就是计算苦乐，立法的目的就在于最大多数人的最大幸福。在学术界，边沁是最先把经济学和功利主义结合起来的学者。但是，如果不是站在边沁的社会功利主义立场，而是站在经济人的个人功利主义立场，功利之说很容易引导人们对贫困采用一种极端的评价：贫困是穷人犯错误的结果。马丁·布朗芬布伦纳在其著作中引用了若干典型的社会达尔文主义的观点：在一个由供求法则治理并且免受公然暴力的社会中，富人具备几乎所有的人类美德，而穷人则承袭了人类所有的劣质，是彻头彻尾可怜的、祈求上帝保佑的人。"一般事实将证明，在这片土地上，没有人会遭受贫困，除非是他自己的过错——除非这就是他的原罪"，"值得同情的穷人是非常少的……，去同情一个上帝已经对他的罪行惩罚的人，从而在上帝还在惩罚他的时候去帮助他，毫无疑问，这是不对的"等等。①马丁·布朗芬布伦纳把社会达尔文主义与高调宣称"公平""正义"的商业文明之间的冲突称为现世的"悖论"。"嫌贫爱富"的心态，使人们对"贫困"的理解混合了极为复杂的感情，并会影响社会主流的道德判断，例如，对北欧国家福利政策内在缺陷与可持续性之间的两难选择，对后发国家在长期经济增长过程中"效率"与"公平"之间的两难选择，等等。

二　基于收入贫困论的不平等程度的界定

根据"收入"界定"贫困"的收入贫困论，将人们引入对个人家庭收入分配的度量、评价方面。基于此，帕累托（1897）提

---

① 马丁·布朗芬布伦纳：《收入分配理论》，华夏出版社，2009，第93~95页。

出了"收入分配定律"：

$N = Ay^{-\alpha}$，其对数形式为 $logN = A - \alpha logy$

（y 为社会收入的中位数，N 为收入等于或大于 y 的人数占总人数的比例）

α 的绝对值越大，收入分配越平等，α 的绝对值越小，收入分配越不平等。他估计的 α 绝对值集中在 $1.5 \sim 1.7$ 之间。美国数学家 H. T. 戴维斯（1940）对该定律做了改进，使之成为社会稳定的一个条件。他推测，α 的绝对值如果显著高于 1.5 会导致右翼发起贵族阶级革命，若显著小于 1.5，会导致左翼发起无产阶级革命，根据柯林·克拉克的多国样本数据（包括欧美和亚洲国家的数据），α 的绝对值会随时间的推移而变大，最终趋势是不平等程度降低。

其后，由美国的麦克斯·洛伦兹和意大利的科拉多·基尼分别提出了根据累积频率计算的洛伦兹收入分布曲线和基尼系数，当一个国家个人（家庭）的收入分配达到绝对公平状态时，$G = 0$，即累积人数（家庭）的百分比与累积收入的百分比相同。当收入分配达到绝对不公平状态时，$G = 1$，即 1% 的人数（家庭）占有全部收入。一般以 $G = 0.5$ 作为引发社会革命的警戒线。

自从 1860 年代德国统一之后，逐步创立了现代意义上的居民家计调查制度和方法，为数众多的测算结果证实，世界上几乎所有的国家都存在收入不公，收入不平等几乎成为一种分配常态，只是程度不同而已。[①] 然而一个重要的区别在于：一个国家是否具有相应的经济能力补偿低收入人口（家庭）的收入不足。这样"贫困"转化为"低收入"或"收入不足"，"消除贫困"转化为"消除不平等"。语义、语境的变迁，在某种程度上包容和消解了

---

① 按森的观点，中国 1949～1978 年在收入分配上是一个罕见的平等社会。

道德判断上的偏见。

"谁是穷人，他们为什么贫穷？"我们可以根据收入多寡来识别"穷人"，然而贫困的成因，却是一个既"简单"而又"复杂"的问题。从"简单"的一面讲，根据马克思主义的基本原理，资本对劳动的剥夺，是无产阶级贫困化的根源，而对剥夺者的再剥夺则是无产阶级摆脱贫困的唯一选择。从"复杂"的一面讲，因为个人不仅可以被抽象化为劳动者，还可以被还原为一般意义上的社会人。在现实生活中，个人之间存在极为多样的"人际相异性"。约翰·肯尼思·加尔布雷斯把贫困划分为"孤岛型"和"病例型"两种类型。[①]"孤岛型"指的是局部和孤立的贫困，生活在生存环境脆弱、社会资源匮乏的穷乡僻壤，往往是使人陷入贫困的原因之一。"病例型"指的是个人或群体的障碍，诸如没有上过学，没有劳动技能，没有工作，身体或心智上有缺陷等，都是个人落入贫困陷阱的可能原因。如果再加上种族、性别、年龄、婚姻、家庭等社会特征进行交叉分类，为数众多的研究结果表明，具有不同社会特征的人际差异与"不充足的低收入"之间存在统计学意义上的相关性，不同的交叉类，贫困发生的概率不同。例如，居住在"穷乡僻壤"的老年人口，其遭遇贫困的可能性要大于其他人口群体。然而这种判断也仅具或然性，而非必然性。从一般意义上讲，"血汗工厂"制度下资本对劳动的剥夺，是造成贫困的必然原因。而具有不同社会特征的人际差异"病征"，是造成贫困的或然原因。这就意味着社会可以通过"贫困诊断"，从多个方面进行"扶持引导"，帮助人们"脱贫致富"。

消除贫困或者消除不平等，取决于"历史的和道德的因素"。富国裕民是人类社会的共同理想和追求。在经济全球化时代，历

---

① 约翰·肯尼思·加尔布雷思：《富裕社会》，江苏人民出版社，2009，第226～227页。

史的和道德的因素决定了一个国家（社会）在经济和社会发展进程中的基本目标选择：（1）实现经济总量和人均国民收入水平的可持续增长，保持经济增长与资源和环境约束之间的均衡与和谐；（2）实现社会总产品的公平分配，保证国民得到符合需要的足够的收入；（3）为个人发展和国民幸福创造一个宜人的生存环境。

三　功能性分配

西方经济学把收入划分为来自劳动的收入和来自财产的收入，即劳动收入和业主收入，将功能性分配看作首要的分配或基础的分配。在功能性分配项目下，又派生出个人收入分配、职业性分配、地理性或地区性分配、种族分配等，其中个人收入的功能性分配是基础性信息，是确定收入等级、公平与否的基础。

按照新古典价格理论，要素（资本、劳动）定价理论一般被称为边际生产率（x）分配理论。在完全竞争的短期静态中，存在按资本和劳动各自对生产的实际贡献，即按各自的边际生产率决定其收入的所谓公正的"分配的自然规律",[①] 亦可被看作"上帝的归上帝，恺撒的归恺撒"的公正的分配价值观。此时，要素配置完全由市场决定。在垄断或不完全竞争的短期静态中，市场价格制度不能按照效率条件来配置资源，成为经济福利损失之源的一个方面。边际生产率分配理论具有社会伦理学的含义，它说明一个人的收入等于这个人生产的边际生产率，显示了自由市场作用的公平原则，工人和业主得到他们所应得到的，每一方都有权得到其与贡献相应的成果。

考虑两种情况：（1）老人、残疾者、智障者等，其边际生产

---

① 资本的边际生产率决定利息的高低，劳动的边际生产率决定工资的多寡。

率极低甚至为零；（2）在劳动供给相对大于劳动需求的行业和地区中，劳动的边际产品的确可以低到使工资远远落在生计维持点的水平之下。因此，低收入问题可以通过政府的社会保险、公共援助和其他社会服务活动等项目计划加以解决。新古典要素价格理论有三个特点：（1）按市场力量实现公平分配原则，初次分配具有决定性作用。（2）再分配，即收入转移是一个派生的次要问题。（3）暗示了对垄断、不完全竞争的校正和纠偏。

增长理论在边际生产率学说的基础上，建立了长期、动态的总量均衡模型。早期新古典增长模型的一个基本出发点，即把就业和失业问题，归结为投资的问题，似乎只要有足够的投资，就业问题就可以迎刃而解了。在同时考虑劳动投入量、资本投入量和技术进步的情况下，J. R. 希克斯（1932）提出了"中性"技术进步概念，即使资本边际生产率对劳动边际生产率的比率保持不变的技术进步是中性的。在索洛（1957）提出的生产函数模型中，得到了一个经验表达式：

$$总产出的增长率 = 3/4\,劳动投入增长率 + 1/4\,资本投入增长率 + 中性技术进步的贡献$$

上式是以边际生产率理论和整个经济的生产函数是线性同质的假定条件为基础的，它表明，在规模收益不变的情况下，如果劳动量和资本量各增加 10%，产量和收入也增加 10%。劳动和资本按某种方式配合，即它们对收入（产出）的贡献大约是 3∶1 的不变比例。对此经验公式，罗伯特·J. 巴罗和夏威尔·萨拉 - 伊 - 马丁（2004）再次重申：（1）资本回报率几乎恒定；（2）物质资本—产出比接近恒定；（3）劳动力和物质资本在国民收入中所占份额几乎恒定。与他们讨论过的跨国数据和长期数据相一致或吻合。

增长理论把经济增长看作国家长期发展战略的"第一要务"，是建立在以下几个假设条件基础上的：（1）建立在边际生产率理论基础上的要素分配关系，是由市场决定的，是一种公平分配；（2）在规模收益不变和希克斯中性条件下，随产品的增加，劳动投入和资本投入可以按比例增加，因此可以有效解决失业问题；（3）即使是在没有收敛（即一国各地区的人均 GDP 增长率的方差与该国的人均 GDP 增长率无关）的前提条件下，按既有的收入分配（即 GDP 和人均 GDP 的增长）格局，劳动和资本的收入也具有相同、不变的增长比例。在此条件下，把蛋糕做大才有实际意义。

对比中国的情况，有如下几个疑问：（1）在打破传统的社会主义公平分配关系之后，中国尚未建立一种公平的、稳定的，由市场决定的要素价格分配关系。支持该观点的证据是：①功能性分配中个人收入分配的差距过大（基尼系数较大）；②国民收入总量中，劳动收入所占比例偏低，中国的生产函数实证分析表明，其份额由 40% 左右降至 30% 左右；③总产出中劳动和资本的投入不成比例，以投资推动的增长降低了对劳动的需求。（2）垄断、价格歧视和不完全竞争，①造成了收入从劳动向资本、从低收入群体向高收入群体的转移和再分配，造成了社会福利损失和效率损失。（3）由于缺乏一个公平的、高效率的初次分配关系，经济增长成果只能由垄断集团、寡头、得利群体分享。"做大蛋糕"失去了道德导向，初次分配是不公平恶化的源头之一。

第三节 消除不平等的社会选择

贫富差距扩大导致的收入分配恶化，涉及国民收入分配问题、福利经济问题，乃至社会经济发展的最终目标等问题，其中又处

---

① 例如政府的过度干预及保护。

处交织着经济意义和社会意义上的"平等诉求"。本节我们结合对收入不平等的分析，考察收入均等化提出的现实背景和理论依据，进而研究基于价值判断的解决不平等的社会选择问题。

一 收入均等化的提出

收入不平等是可以由人们直接观察和体验的一种经济状态，若不平等趋于恶化，在很大程度上会消解人们的满足感、幸福感、安全感和社会归属感，导致社会对抗和暴力冲突。一旦出现这种结果就根本背离了人类社会公平、公正的道德判断与和谐、美满的价值追求。因此，消除不平等乃是维护社会正义的"善举"。如果仅考察收入不平等，并且可以用人际差异①来解释个人或群体在收入上的不平等，就应该能够以消除人际差异为手段来达到消除收入不平等的目标。然而在这个因果分析框架下提出的问题，至今未能得到实质性的解决，因为人际差异的一个子项实际上就是一种不平等，收入上的差异亦属于人际差异中社会特征差异的一个子项。每一个不平等子项都有其特定的内涵和外延，也要求达到不同目标必须有不同的手段（方法）。在一个多样化的人际差异世界中，存在多样化的不平等问题。某一个不平等问题得到解决，并不意味着其他所有的不平等问题因此而得到解决，不能代替其他不平等问题的解决。同样，某一个不平等问题未能得到解决，也不会妨碍其他不平等问题的解决。所以，用一组不平等问题去解释某一个不平等问题，结果会出现用多个解决问题的目标取代解决该不平等问题的目标的情况，很难获得实质性的进展。就可能一直要等到消除了人际差异中可以得到平等的子项之后，才能最终

---

① 包括人与人之间在年龄、性别、体力、智力、健康状况等方面的体质特征差异和人与人之间在居住地、生活环境、谋生手段、社会地位、阶级、阶层归属等方面的社会特征差异。

解决收入不平等问题。要避免这样的结果出现，只能把人际差异看作影响收入不平等的或然性因素而不是决定性的必然因素。

由于人际差异具有客观性和实在性，任何一个可能遇到的差异子项都意味着某种"不平等"的存在，自然就会产生相应的"平等"诉求，[①] 而且这些平等诉求往往超越了"自古以来"的传统价值底线。在本书的讨论中，有"收入不平等"产生的平等诉求，自然也就超越了经济学自我标榜的传统的"价值中立"立场。因为"平等"抑或"不平等"的问题，本身就是一种价值判断。面对多元化的平等诉求，以及以"公正""正义""自由""民主"等为取向的社会目标选择，从 20 世纪七八十年代开始，在提倡"社会关怀"的主流意识的引导下，经济学出现了"社会学化"的倾向。经济学与社会学的合流，根源于发达国家在后工业化时代所遭遇的经济问题与社会问题相互纠结的现实困境。从某种程度上看，也是一种无奈的应对。如果联系到中国的经济现实，考虑巴里·诺顿的洞见："中国社会富裕人口增加了，贫困人口减少了，但不平等却加剧了。"[②] "中国的情况正好反映出在收入增长、不平等以及贫困之间存在的复杂关系。"[③] 可知，中国已不再是隔岸观火，而是早已深陷其中了。

阿马蒂亚·森（1972，1992，1997）在对经济不平等的考察中，建立了一个基本分析框架：对"贫困"的研究，包括描述（叙述）和政策（规范）两种形式。在伦理意义上对"平等"的研究，必然涉及"为什么要平等？"和"什么要平等？"两个核心问题。在一般意义上的"平等"诉求分析，则包括两个互异但又互有联系的子项：

---

① 例如，由男女性别差异产生的平等诉求，同性或异性婚姻差异产生的平等诉求，等等。

② 巴里·诺顿：《中国经济：转型与增长》，上海人民出版社，2010，第 185 页。

③ 巴里·诺顿：《中国经济：转型与增长》，上海人民出版社，2010，第 185 页。

第一个子项是"问题丛",是围统"为什么要平等?"和"什么要平等?"两个问题而来的。森特别强调,要回答这两个问题,必须要充分关注两点:"人际相异性"和据以评估平等的"核心变量"的多样性。因为人际相异是如此之大,在一个评价域里的平等到了另一个评价域就可能变成不平等了。第二个子项是"运用丛",即探求达致平等的实质的方法。森的方法论是以对不平等的探讨为起点,以寻求达到平等的实质的方法为归宿的。下文根据这一基本思路展开。

我们遇到的第一个问题,是第二次世界大战之后,发达国家采用国家干预方式,通过财政手段逐步实施和健全了社会保障体系抑或社会福利制度。这一社会安排在很大程度上缓和了贫富对立矛盾,减少了贫富差距,有助于消除贫困和实现收入均等化,并且催生出一个数量庞大的中等收入阶层,显著改善了收入分布曲线和洛伦兹曲线的形态。对此,发展经济学的先驱同时又是增长经济学领军人物的西蒙·库兹涅茨(1953)在一项研究中指出:美国高收入人群(前1%和5%)占美国收入和储蓄的份额下降了。他写道:"几乎没有美国人,更不用说欧洲人了解美国政府在过去20年里采取的收入转移支付——它不声不响、循序渐进地进行着,很可能已经成为历史上一项重大的社会变革了。……我们已经走过了从1929年的收入分配到完全收入平等的近三分之二的路程。"[1] 库兹涅茨的高调乐观似乎宣告在美国已经发生了一场"收入革命"。罗伯特·索洛(1960)根据多国数据比较,得出的结论是,在所有情况下,收入分配的变化是趋于平等的,除了瑞典之外,这种变化是细微的。从1929年到1933年的经济危机之后,欧美在经济恢复期出现了由"新政"主导的收入均等化趋向,收入分配差异有比较明显的改善,史称"收入革命"。美国的"收

---

[1] 马丁·布朗芬布伦纳:《收入分配理论》,华夏出版社,2009,第64~65页。

入革命"止于 1940 年代末,欧洲延续至 1950 年代中期。此后一直到 20 世纪 70 年代末,欧、美的收入差异处于稳定时期。从 1970年代末开始,又进入一个异常变动频发的时期。例如,从 1990 年代至 2010 年代,美国的基尼系数在 0.4 周围摆动,从 1930 年代至2010 年代,欧美先后经历了"收入革命"或者"向贫困宣战的社会改革",但在这样一个长时段中,收入不平等仍然是一种常态,任何一个人随时都有理由提出有关收入的平等诉求。

需要指出的是,欧美出现的"收入革命",既非出自社会公平原则的"善举",亦非"不经意之举"。其实这场革命的"顶层设计师"抑或其"理论推动"者,就是约翰·梅纳德·凯恩斯和他的宏观经济理论。面对 1930 年代经济危机造成的严酷现实,凯恩斯在《就业、利息与货币通论》中写道:"我们身处其中的社会,其显著缺点乃是不能提供充分就业,以及财富与所得之分配有欠公平合理。"他对大萧条的解释是:"由分配欠公平引起的总消费不足,由私人投资的盲目性、投机性引起的总投资不足,这两种不足合成社会的有效需求不足,以致不能充分发挥社会所已经达到的生产潜能。"[①] 从这一认识出发,他认为必须由社会来决定经济活动的总量,提出了以财政政策为主要手段的国家干预主张。而推进收入均等化,增加消费需求,则是国家干预的方向之一。

值得注意的是,收入均等化在《就业、利息与货币通论》发表之前,也曾被诸多经济学家提出过,但他们大多数是从社会公平的原则出发,基于道德判断的立场提出的。然而,凯恩斯的收入均等化主张独树一帜,他是从国家干预的手段出发,基于经济学规范的立场提出的。凯恩斯的收入均等化主张出于他的"节俭

---

① 约翰·梅纳德·凯恩斯:《就业、利息和货币通论》(重译本),商务印书馆,1999。

有害论"。因为从亚当·斯密一直到马歇尔，西方经济学主流始终把消费当作与储蓄从而与资本积累相对立的因素，其隐含前提就是充分就业。显然，在充分就业的条件下，消费的增加只能以储蓄从而资本积累的减少为前提。因此，消费是不利于家庭和国家财富增加的因素，而节俭才是美德。并且收入分配的巨大不平等也因其能增加储蓄从而促进资本积累而具有合理性。凯恩斯指出了非充分就业状态的存在，在这种状态下，由于消费需求会增加国民收入，因此只要边际消费倾向小于1，消费的增加便会引起储蓄的增加，从而引起资本积累的增加。相反，消费的减少将由于减少收入而减少储蓄。他认为，对一个国家而言，在非充分就业状态下，消费增加可以增加国民收入，可以增加资本积累，消费可以致富，节俭反而会致贫。因此，能增加储蓄的收入分配不均等便失去了存在的合理性。

凯恩斯通过提出节俭在未达充分就业时对财富生产的不利影响，指出依靠收入不均等来增加社会储蓄，不仅有悖于社会公平原则，也不符合增进国家财富的目标。他在为收入均等化提出经济学方面的依据的同时，亦将收入均等化作为一种工具性手段。他不是将收入均等化作为体现社会公平的目标，而是将其作为最终增进国家财富的政策工具，凯恩斯的收入均等化主张促成了收入分配理论的重大转变，这一转变对西方国家的经济生活、政治生活和经济理论产生了极为深远的影响。

二 工资均等化的实现条件

工资是劳动力的价格，从基本概念来说，工资包含两个方面，一是工资支付制度；① 一是工资以外的福利安排，这些福利被看成

---

① 包括计时工资、计件工资、奖励工资、加班工资、红利、年资加薪等。

附加工资。[①] 一般而言，对于工资及其附加的基本部分的确定，会由劳动法规来约束雇主的行为，以防止劳动力受到歧视，从而保护劳动者的权利。按照新古典主义的工资理论，如果所有的工资都要完全相等，需要具备以下条件：（1）所有的职业、行业和雇主都必须具有同等的吸引力；（2）劳动必须有完全的流动性，不发生由于流动而产生的成本；（3）劳动必须是同质的；（4）劳动力市场是一个完全竞争市场。各条件的具体分析如下。

第一，职业的吸引力指的是它的金钱以外的优点。人们对职业有不同的爱好，具有较大吸引力的职业其供给价格往往较低。当然，要吸引更多的人到任何一个吸引力较小的职业中，其工资率必须高一些。需求的不同使工资率发生的差异称为均等化的差异，这种差异使所有的吸引力均等化，即用货币利益（损失）抵消非货币的损失（利益）。

第二，劳动力在不同的职业、行业、雇主和地区之间的转移流动被看作实现均等化的手段之一。按照凯恩斯的非竞争性群体概念，劳动力可以分为：专业人员和管理人员、办公室人员、熟练工人和非熟练工人，每一个群体内部流动性都较高，而群体之间流动性较低。假设劳动是同质的，那么群体内的流动性趋向于使群体内部的工资一致起来，其中的差别仅仅是由不同职务的吸引力不同所带来的，而群体之间的非流动性会导致群体之间的工资差异。西方学者认为，在由社会经济的各个阶级组成的社会中，当各个阶级之间存在不可逾越的障碍时，群体之间的工资差异将会长期存在并且差距很大。甚至在这些障碍已经稳步减少的情况下，受教育机会的不平等，将继续成为自谋生存的非竞争性群体存在的主要原因。

---

① 包括假日工资、病假工资、旅游工资、服装津贴、健康和其他种类的保障等。

一些西方学者对社会流动性可能带来的均等化持悲观态度，即便对所谓的竞争性流动而言，其特点"在于外部人要赢得和权势集团平起平坐的地位，通常是在中年的时候，在征服它以后再加入它。相反地，官僚性的流动性的特点在于外部人在 30 岁或不到 30 岁的时候，就通过徇私、考试或取得学位被荐到权势集团内"。[①] 马丁·布朗芬布伦纳还注意到一个在战略上处于劣势的非竞争集团的特殊分配问题，该集团包括未经培训（或培训无效）的非熟练工人。这些人经常受到"错误的"种族、年龄、性别、国籍或教育的拖累。通常，雇主会觉得不值得在工作上训练这些人，或者不值得资助他们在其他地方培训。因为经过培训之后，这些人就有了更高的流动性。所以，在一般情况下，"拿高工资的工人和其他富裕的人都会被较低的生产价格和穷人所替代"。[②]

第三，同质性假设几乎是不可能成立的。因为每一个劳动力在个人技术、勤劳、速度、可靠性等方面都存在差异，从而导致个人在组织体中工作能力的差异。如果强调这种差异，那么每一个劳动者的劳动都势必被看成一个单独的生产要素，那么劳动的边际产品就完全无法确定。因此，一种可行的方式是将大群体划分为较小的群体，假定小群体中的劳动者效率都相同。其含义就是有更多的供给曲线和需求曲线的组合，因此存在更多种工资差别。

第四，取消同质性假定就意味着取消完全竞争假定，换言之，进入一个职业的自由会受到限制。在任何一个非竞争性的群体内，诸如行业（职业）团体的规则，政府发放执照的规定，以及某些雇主的偏见，都会阻碍或限制进入一些职业的流动性，并改变供给曲线的形状，使它们缺乏弹性，这些障碍趋向于提高一些职业

---

① 马丁·布朗芬布伦纳：《收入分配理论》，华夏出版社，2009，第 18 页。
② 马丁·布朗芬布伦纳：《收入分配理论》，华夏出版社，2009，第 16～17 页。

的工资。

厂商对劳动的需求是派生需求，是从消费者对这个厂商产品的需求中派生出来的，因此，是商品市场的差别引起了工资的根本差别，差别的需求—成本关系在任何一个时候都是因行业而异的。在同一市场区域内，同类劳动而工资率不同的趋势将继续下去。工资率的不同与其说是市场不完全性的结果，不如说是商品市场的差别造成的。

长期以来，人们观察到的一种矛盾现象是，中国正在经历着人类历史上规模最大的从农村向城市的劳动力流动，由于这种流动是由城乡收入差距所拉动的，因此，流动本身应该缩小收入差距，但劳动者的收入差距却在不断扩大。根据阿马蒂亚·森的理论，我们认为导致此结果的原因是：（1）农民工群体的可行能力严重不足，因此成为城市劳动力市场上规模最大的非竞争性群体；（2）农民工群体的自由流动受到诸多非市场因素的限制，他们只能在极为有限的职业、行业（大量使用非熟练工人的厂商）内选择，主要表现为不断更换雇主的非竞争性群体的内部流动（参考图 2 - 2）。在收入不足与能力不足的转换中，他们很容易陷入收入与能力之间的恶性循环。解决这一矛盾的根本方法在于：（1）发展他们的可行能力；（2）保障他们的经济权利和自由选择权利。

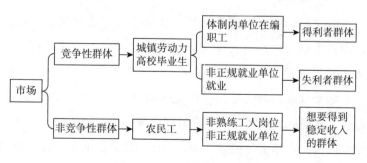

图 2 - 2　我国劳动力就业简要结构

根据森的发展理论，如果要改善收入分配状况，按市场力量配置要素（资源），则除了消除或者限制诸如垄断、价格歧视以及非市场因素之外，政府要为能力劣势者提供：（1）经济条件；（2）社会机会；（3）透明性保证；（4）防护性保障。由于包容性增长能为社会弱势群体提供以上条件，所以其能有效改善收入分配状况，消除收入领域的不平等。体现在：（1）包容性增长通过实现持续经济增长，通过"蛋糕"的做大能为弱势群体提供经济条件；（2）包容性增长强调的机会均等能为能力劣势者提供参与经济增长的机会和平等分享经济增长成果的机会，教育、就业和公共卫生等方面机会均等的实现，能增加能力劣势者的社会机会，进而改善其收入状况；（3）机会均等要得以实现，需要尽量消除性别、种族和家庭出身等因素对个体的影响（特别是在劳动力市场的交换中），这必然要求提高劳动力市场的透明度（对改善收入分配有积极作用）；（4）包容性增长为实现效率与公平的兼顾，认为在特定经济水平的约束下可以通过完善社会保障体系的制度设计来提升社会保障水平，优化对社会弱势群体的保护，通过建立"社会安全网"等措施来保障弱势群体避免受到经济危机等事件的冲击。

三 道德判断、价值立场与社会选择

二战之后，凯恩斯理论在西方社会占据了主导地位，欧美各国政府运用财政工具直接参与社会成员之间的收入再分配，通过收入转移推进收入均等化，建立了一般定义上的社会福利制度。然而，随着社会福利安排的广泛化和制度化，出现了诸多新问题：在经济生活层面，不同群体存在对社会福利的过度依赖，公共产品支出也因此面临赤字与债务压力；在政治生活层面，对社会福利持对立意见的压力集团造成了党派的过度竞争，公共选择处于困境，英国（1986）、瑞士（1995）、法国（1993）等推出了福利改革计划；

在经济理论界，人们关注收入均等化的效率损失：一是直接的效率损失，即为获得更大程度的平等而不得不支出的各种费用；二是间接的效率损失，即均等化本身所带来的各项"反刺激"效应。

从 A. C. 庇古（1932）、A. P. 勒纳（1965）开始，一些经济学家把最适度的经济福利想象为效率和公平的一种结合，在他们看来，公平指收入分配尽可能接近不损害劳动积极性的相等收入。但正统和主流经济学家的看法是，经济学对收入分配应该是怎样根本说不出什么，因为要做到这一点，需要从经济学领域之外强加进来一种价值判断。但以价值判断为取向的规范经济学则突破了这个传统。由希克斯、卡尔多、萨缪尔森等为代表的经济学家，以帕累托的最优境界论为出发点，提出了建立在效用序数论之上的新福利经济理论。该理论在"偏好—满足"的理论框架下，以行为人的"理性"作为其实施选择（或行为）的前提条件（而偏好则是一种导致行为的主观状态），把福利看作偏好的满足。换言之，如果行为人是理性的（绝对自利），那么当且仅当他们的偏好可以被序数效用函数表示时，他们的选择会使其效用最大化（也就是福利最大化），达致帕累托的最优境界。由于个体之间的满足程度（福利大小）不可比较，所以只能采取个体福利加总的方法，得到社会福利的最大化。

丹尼尔·豪斯曼（1993）根据理性选择理论剖析了福利经济学的规范理论结构：（1）对行为人的理性假设[1]和完备知识假设。[2]（2）最低限度的善行原则：在其他条件不变时，某事物若能使人们的处境变好，它在道德上就是善的。假设状态 R 是状态 S 的"帕累托改进"，如果没有人认为 S 比 R 好，并且某些人认为 R 比 S 好，R 就是帕累托最优状态。若其他条件相同，帕累托改进就是一个道德

---

[1] 从绝对自利立场做出对自身更有好处的主观选择。

[2] 可以从自身处境变好的状态感知到偏好得到了满足，处境变好等同于个人福利得到增进，即可推定福利就是偏好的满足。

上的改进；若其他条件相同，帕累托最优在道德上就是令人满意的完美境界。（3）福利经济学第一定理：完全竞争均衡是帕累托最优的境界或是有效率的状态。[①]（4）福利经济学第二定理：从合适的初次分配出发，所有的帕累托最优都可以作为竞争均衡的结果出现。[②]（5）如果从竞争均衡理论拓展到资源配置方面，"个体理性"转化为"社会理性"，"个人选择"就转化为"集体选择"。资源配置可以分为两个领域，一个领域是资源的"市场配置"，可以想象成用脚投票，或者用货币投票，另一个领域是资源的"社会配置"，可以用手投票。这两个领域都涉及绝对自利、完全理性的个人，他们通过用手投票，用脚投票，或是用货币投票，可能得到好的结果，也可能得不到好的结果。对此，阿罗（1950）提出不可能性原理：在非独裁的情况下，不可能存在适用于所有个人偏好类型的社会福利函数。换言之，如果你要求社会理性的话，就无法避免会出现一个独裁者，如果你不要任何独裁，那么你做出来的社会选择往往就是非理性的，也就是很混乱的。

福利经济学有新、旧之分，18 世纪后期至 19 世纪前期，英国哲学家、社会学家 J. 边沁（1789）建构了功利主义哲学的思想基础。他认为，人的本性就是"避苦求乐"。"避苦求乐"即是区分人们行为善恶和是非的标准，也是道德和立法的原则。立法者的任务就是计算苦乐，立法的目的就在于求得最大多数人的最大幸福。他通过对效用性质的研究，发现货币的效用服从边际效用递减法则。他为人类的行动设想了一个普遍有效的目的，而且这个目的也确实符合大多数人的利益，那么这个目的也就只能是，最

[①] 完全竞争均衡在道德上是令人满意的，而那些干扰了完全竞争均衡实现的市场不完全性在道德上则是不合意的，例如，垄断、政府保护下的"劫富济贫"式的收入均等化。

[②] 这就意味着所有其他的道德诉求：自由、权利、公正、公平、正义、平等……都可以通过对初始分配的调整来加以满足。

大程度上使尽可能多的人感到满足。边沁称这个目的是"最大多数人的最大幸福"，每个人都在追求自己的幸福，如果他自己的追求同时也符合大多数人的普遍利益，那么这对他自己也是最为有利的。略晚于边沁的另一位英国哲学家、经济学家约翰·斯图亚特·穆勒（1848）试图在边沁的功利主义基础之上寻找一种个体与全体之间的平衡，他认为个体追求物质产品的目的是获得从物品上带来的主观心理上的满足感和快乐，能满足这一要求的物品就是有价值的。所谓"有价值的"东西无非就是那些能够给我们带来快乐的东西。穆勒指出，"这就意味着，人们的价值判断，人们对道德行为的判断，严格说来是没有一个普遍的标准的，它是可变的并且取决于人的具体经验"。[①] 两位奠基者的功利主义思想，成为快乐主义（快乐计算）、结果主义（效用计算）、福利主义（福利计算）的滥觞。

其后，在边际革命的推动下，英国经济学家 W. S. 杰文斯（1871）以边沁的功利主义作为效用理论的基础，认为人们消费的目的就是追求快乐，减免痛苦。而物品能给人带来快乐（或负痛苦）的性质就是物品的效用。因为，效用并非物品的客观属性，而是人之于物的主观满足。杰文斯定义劳动为以未来利益为全部目的或一部分目的而使心身所忍受的任何含有痛苦的努力。他把劳动所带来的痛苦称为负效用，且劳动时间越久，边际负效用越大。在劳动过程的起始阶段，劳动会由一开始的不习惯、不舒服变得有味道（乐趣），在此后的一段时间内劳动带来正效用。随时间推移，过某一点之后，劳动便会产生边际负效用。在其后的某一点，劳动的边际负效用会正好等于劳动产品的边际效用，此点便是劳动资源优化配置的均衡点。对此，他运用边际分析对边沁

---

① 约翰·斯图亚特·穆勒：《功利主义》，九州出版社，2007。

的"避苦求乐"做出了数学证明。所以，他认为经济学的目的是研究如何以最小痛苦换取最大幸福。

关注福利问题，几乎成为英国经济学界的一个传统，到 20 世纪初，英国剑桥学派的代表人物 A. C. 庇古（1920）发展了 A. 马歇尔的福利思想，提出了系统的福利经济学，他的福利经济学是建立在边沁的功利主义哲学，以及基数效用论基础之上的。他认为，福利经济学的目的是研究如何使社会的经济福利达到最大化，他对经济福利的定义是：（1）经济福利是一种狭义的福利，是与货币尺度相关联的那部分福利，是主要取决于经济因素的那一部分福利；（2）个人的经济福利与其他福利一样，是一种心理状态，一种满足感；（3）经济福利是可度量的，从而不同人的经济福利是可以比较的，可加总的；（4）整个社会的经济福利是各个社会成员的个人经济福利的综合。在这种理论基础上，可以建立一般的社会福利函数：$\sum_{i=1}^{n} u_i(x)$。由于每个个体的效用函数都被假定为连续的和边际递减的，因此社会福利函数也是连续的和边际递减的。社会面临的问题，便是如何在给定的资源约束和生产技术条件下最大化这一社会福利函数。用这种理论可以很容易地处理两大经济问题：第一是"私人成本"与"社会成本"的关系问题。在资源约束之下，一个人多占有了资源，多享受了消费，就会减少另一些人的效用满足，这就是一个人的一项经济活动的社会成本。在完全竞争条件下，私人成本与社会成本可能是一致的，但在另外一些情况下，例如一个厂商的生产造成环境污染，引起别人的收入下降，则私人成本与社会成本就是不同的，用基数福利函数就很容易在理论上分析社会成本与私人成本的差异。第二是可以用这种方法分析收入分配问题。由于可以相互比较的个人的边际效用是递减的，因此富人消费量多，其收入的边际效用必然较小，穷人因消费量少，其边际效用必然高。如果减少富人收入，增加穷人收入，这种收入转移的结果必然是社会福利增大，因为穷人新增一单位消费引起的边际效用的增加，必然大于富人因减少一单位消费而引起的边际效用的损失。

以基数效用论为基础的古典福利经济学存在一个缺陷，即假设个体的效用（偏好）的满足程度可以测定并且可以比较。但在现实生活中，经验事实可以证明，个体效用的满足不具备可测性和可比性，例如一块面包对流浪汉和银行经理的效用满足是无法按同一标准进行衡量和比较的，因而也就很难判定一块新增的面包如何分配，才能最大程度地提高社会福利。因此，人们引入帕累托原则作为福利标准来对经济状态进行评价，发展了以序数效用论为基础的新古典福利经济学。帕累托在 19 世纪末 20 世纪初，采用无差异曲线为分析工具，用序数效用代替基数效用，建立了一般均衡理论。按照帕累托的观点，假定社会处于这样一种状态，如果还能使有的人的福利增加，同时又不以别人的福利减少为代价，那就表明社会的福利这时仍有可能增加，社会尚未达到尽善尽美的境界；假定社会处于这样一种状态，对这种状态的任何改变都不能再使任何一个人的福利增加而同时又不使其他人的福利减少，这才表明社会已达致尽善尽美的境界，即帕累托最优境界。换言之，当生产和交换同时达到均衡时，就达致帕累托最优境界，因为任何偏离均衡的状况，都起码使个别人受损而其他人不增加福利，这也就是最低限度的善行原则。如果按照帕累托原则，收入均等化就应该被排除在福利经济学的讨论之外，除非收入均等化能做到使一些人的收入增加而又不使另一些人的收入减少，否则便不符合帕累托最优原则。事实上，在帕累托提出的收入分配定理中，收入分配的不平等程度大或者小，都会引发穷人革命或者富人革命，这就意味着改善收入分配的努力是没有意义的。

本章按照阿马蒂亚·森的收入平等的分析框架，考察福利经济学中的"平等"主张抑或"收入均等化"主张。"福利"（welfare）一词具有安宁、幸福之含义，而福利经济学又对其添加了"满足感""快乐感"，伴随它的是"福利国家"（the welfare state）、"福利事业"（welfare work）之类的善良待遇。总之，"福利"的语义、语境带给人们一种公平良序的优雅美感。与之相反的是，倘如讨论"贫困状况""贫困处境""贫困"一词的语义、语境，则带给人们的或者是蚊蝇丛集的贫民窟、粗粝的食物，或者是血汗工厂的童工，总之，使人产生极其复杂的情感。如果说"福利"就像一位至善至美的女神，那么，我们就能够理解马丁·布朗芬布伦纳为什么将"贫困"喻为"一个丑陋的妇人"。因为从 1960 年代开始，曾经被看作经济学之"永恒话题"的收入分配理论，其学术地位逐步被新福利经济理论体系所取代，"那些被学究们坚信不疑甚至矢志不渝的几个似是而非的收入分配问题"，大多数都有对有错，但不是完全错误，"不过这已经不能让相信它们的人满意"。森把"为什么要平等"和"什么要平等"看作平等诉求中有关目标域（评价域）的两个要素。在旧福利经济理论和新福利经济理论中，既没有把"收入要平等"作为一个核心目标变量从而提出价值诉求，亦无从对"为什么收入要平等"做出回答。事实是，旧福利经济学虽然涉及收入分配问题（收入转移），但关注的焦点是"最大化效用总和"，收入转移只是达致社会福利最大化的手段而已。而新福利经济学则关注达到竞争均衡的帕累托最优境界，回避收入分配问题，也就不可能提出平等诉求。这里就产生了一个问题：为什么以追求"最大多数人的最大幸福"为宗旨的福利经济学，居然漠视富人与穷人之间的经济平等问题，如果排除了收入分配问题，又何以能达致"最大多数人的最大幸福"？因为只有关注贫困，关注"收入不足"的人口群体，达致某种程度上的经济平等，才可能去追求最大多数人的最大幸福。

对此，阿马蒂亚·森指出福利经济学在方法论上的缺陷：在追求个体效用值之和最大化时，根本不关注这个总和在个体之间的分配状况。因而在测量或评价不平等时，该方法就尤其不合适。森进而指出，"颇为有趣的是，功利主义方法不仅被广泛应用于分配判断，甚至还成为了平等主义的一个标准，这多少有些令人匪夷所思，之所以得出此结果，乃是经由了一个极具戏剧性的发展过程"。[①] 整个事情起源于一个非常特殊的"巧合"。在马歇尔及其他经济学家的效用总和分析中，包含有边际效用的均等化导致总效用均等化的见解，他们注意到了功利主义的这一特殊方面的内容，但没有据此提出有关分配政策的建议。J. 罗宾斯等学者对马歇尔等人使用的功利主义分析框架进行了批判，认为他们的主张有鼓吹平等主义的嫌疑，这一特殊方面的内容被单列出来，受到了极严厉的指摘。于是，来自罗宾斯等人的抨击，这一戏剧性的进程给予了功利主义本不应享有的平等主义的桂冠。对此，森提出了一个"弱平等公理"（WEA），并证实了功利主义的选择原则背离了弱平等公理。

对于以帕累托最优为基础的现代福利经济学，森指出，现代福利经济学关注的是那些不涉及诸如收入分配判断的问题，它关注的焦点似乎是这样的问题，即所涉及的不同个体（或者是不同群体或不同阶段）之间的无冲突。但这种无冲突对于那些对不平等问题感兴趣的人来说"就像期待让空气充电一样不可能"。森把现代福利经济学称为"无冲突的经济学"，主要是指达致帕累托最优境界时富人与穷人之间的无冲突结果；尽管富人和穷人之间存在严重的不平等，但如果要对穷人的状况做出任何改善就必须减少富人的财富，则这种不平等状况仍属帕累托最优状态。然而，

---

① 阿马蒂亚·森：《论经济不平等：不平等之再考察》，社会科学文献出版社，2006，第 14~16 页。

这种无冲突结果在现实生活中是不可能存在的。因为不平等与社会冲突之间存在双向关联，当一个社会发生反叛时，可以从中察觉到不平等；当察觉到不平等状况加剧时，发生社会冲突的可能性也会随之加大。追求无冲突的理想境界无助于消除不平等，化解可能发生的社会冲突。帕累托标准是一个限制性很强的假定，它要求绝对自利的个体欲望被限制于无利益冲突的既定结果之下。另外，它又是价值判断很弱的原则，因为它根本无法对许多事情进行判断。它只告诉人们"蛋糕"增大是好事，而根本不能告诉人们应该如何分配一块既定大小的蛋糕。

包容性增长的核心内涵之一是实现持续经济增长，即把"蛋糕"做大，"蛋糕"的做大是通过机会均等激发社会各阶层参与经济活动的动力，提高社会各阶层参与经济活动的效率，实现广泛而充分的增长。同时，在"蛋糕"做大的过程中，通过机会均等尽量实现公平，抑制不平等的扩大，增进社会整体福利。在收入分配领域，这种解决不平等问题的机制不是一方得利、一方受损的有悖于帕累托原则的分配改革，而是通过机会均等赋予社会各阶层尤其是弱势群体以机会和能力，消除家庭出身、性别和行业垄断等因素对社会弱势群体的不利影响，提高他们的能力—收入转化能力，在不损害其他人利益的前提下提高其收入水平。由于包容性增长既能提高经济效率，实现持续增长，又能改善收入分配，增进社会整体福利水平，达致帕累托最优，其也就成为发展中国家寻求经济增长和福利最大化相统一的合理社会选择。

小结

在对发展中国家的经济增长、贫困与不平等问题以及这三者之间相互联系的研究过程中，包容性增长这一概念开始出现并成为世行、亚行等国际组织大力倡导的发展模式。回顾经济增长理论、贫困问题的已有研究和收入均等化的提出，包容性增长的增长理念吸收了福利经济学的思想，期望通过经济增长，实现整体福利水平的增进并达致帕累托最优状态。为实现福利水平的增进，包容性增长必然需要对贫困概念做出清晰界定，并通过对收入分配的调整来解决不平等问题。由于包容性增长与消除不平等产生联系，其与以往的增长理论不同，需引入价值判断问题。在引入价值判断之后，福利经济学的帕累托原则解决不平等问题的适用性就存在疑问，如何有效解决不平等问题就成为包容性增长亟须解决的问题之一。包容性增长由于其在实现持续经济增长方面的良性作用和通过机会均等的实现消除社会不平等方面的积极作用，成为解决不平等问题的一种合理的社会选择，也是实现社会整体福利水平提高的途径之一。

第三章 从不平等到实质自由，多元价值观的相容性

前文我们讨论了经济增长、贫困和不平等的理论演进，分析了以总量增长和人均收入水平提高为目标的经济增长在解决贫困和不平等问题时存在的局限性，而要解决贫困和不平等问题就不可避免地要引入价值判断。本章通过对功利主义、契约主义和古典自由主义三种价值观的分析和评价，结合平等诉求的不同层次，分析阿马蒂亚·森提出的发展观对其他价值观的整合及其价值。包容性增长吸收了森的发展观，在实现机会均等过程中拓展了个人的可行能力和自由，其对不平等问题的关注和致力于解决不平等问题的内涵体现了包容性增长对重塑发展中国家增长价值观的价值。

第一节 从收入、能力到自由的平等诉求

要解决不平等问题，我们就要首先回答"什么是平等？""什么要平等？"这些问题。"什么要平等"问题涉及社会各阶层的平等诉求，只有把握平等诉求的本质，才能从根本上解决不平等问题。下面我们分别从收入、能力和自由三个视角阐明平等诉求的演进。

一　收入视角下的平等诉求

我们在前文中指出，低收入与贫困是工业社会、后工业社会的一种常态，随着社会生产力的持续提升，界定低收入或者贫困的标准亦不断提高。但是在既定的分配原则①之下，收入不平等亦是一种常态。如果把个人抽象化为劳动者，劳动者的权利是和他们提供的劳动成比例的。"平等就在于以同一的尺度（劳动）来计量"，② 马克思在《哥达纲领批判》中强调了这一点，"但这个平等的权利还仍然被限制在一个资产阶级的框架里"。③ 因为"这种平等的权利，对不同等的劳动来说是不平等的权利"，④ "它不承认任何阶级差别，默认劳动者不同等的个人天赋，因而也就默认劳动者不同等的工作能力是天然特权"。⑤ 马克思指出，在共产主义社会第一阶段，保留按劳分配原则"是不可避免的，但在共产主义社会的高级阶段上，当满足若干前提条件之后，才能实现'各尽所能，按需分配'的原则"。所以，在按劳分配原则之下，个人之间的收入差异是必然存在的，收入差异可以表达为统计学意义上的一个向右偏斜的分布曲线，西方学者对分布曲线的偏度提出了各种解释：（1）人际相异性，尤其是遗产和带来好工作的人际关系累积的结果；（2）汉斯·史代赫尔（1943）和斯坦利·莱博格特（1959）提出的"能力差异"，即收入可能取决于一系列独立的（而不是加总的）能力的"生产"价值；（3）米尔顿·弗里德曼提出的个人不同的风险承受态度，大多数人是风险规避者，其收入

① 按要素份额（资本和劳动）分配，或者是按劳分配（资本可以看作过去的物化劳动），多劳多得，少劳少得。
② 马克思：《哥达纲领批判》，人民出版社，1964。
③ 马克思：《哥达纲领批判》，人民出版社，1964。
④ 马克思：《哥达纲领批判》，人民出版社，1964。
⑤ 马克思：《哥达纲领批判》，人民出版社，1964。

分布为 a 分布，剩下的一小部分人是赌徒般的风险爱好者，其收入分布为 b 分布，b 分布比 a 分布有较高的均值和标准差。将 a 分布与 b 分布垂直相加，得到 c 分布，而 c 分布是明显右偏的（见图 3－1）。

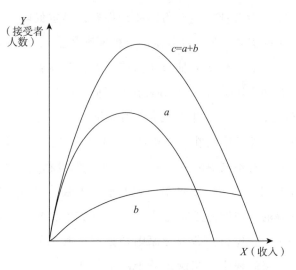

图 3－1 基于个人风险承受程度的收入分布

对收入分配曲线偏度的各种解释，并不能充分解释按劳分配原则下的"分配不公"问题，因为在同一的劳动尺度之下，每个劳动者的收入都是"应得"的，或是"正当"的。在凯恩斯的宏观经济理论体系下，收入均等化只是达致经济稳定的一种手段。而在以基数效用论为基础的旧福利经济理论中，收入转移也只是实现社会福利最大化的手段。以序数效用论为基础的新福利经济学则有意避开了收入分配问题。马丁·布朗芬布伦纳从传统的新古典经济立场出发，提出了他的观点："从本质上来讲，分配不公非常简单。穷人（或者说工人）花光他们的大部分收入；而富人（或者说资本家）则储蓄大部分的收入。"[①] 马丁·布朗芬布伦纳

---

① 马丁·布朗芬布伦纳：《收入分配理论》，华夏出版社，2009，第102页。

在这里用个人（家庭）的"应得"收入与实际支出之间的差异来解释所谓的"分配不公"，假设个人（家庭）竭尽全力，通过劳动获得了属于他的那一份"应得"收入，但仍然入不敷出，花光了全部收入，仍然不能维持生计，就会处于饥饿状态，或者处于负收入状态（借债度日）。与储蓄了大部分收入的富人相比，则是天壤之别。所以在既有的分配制度下，结果对穷人来说是不公平的。当然，如果一个社会想要免除穷人的饥饿折磨，尊重每个人的生存权利，它就只能"唤醒守夜人"，通过国家财政支出对穷人给予帮助。为此，政府要制定一个识别穷人的分配标准，通常有两种做法：一是根据家庭规模制定一份最低的包括食物和非食物类支出的预算支出标准。一是采用消费函数中所谓的"生计维持点"（wolf point）。利用全社会的收入和消费支出数据，或者不同收入组合和家庭构成的数据，估算出一个普通家庭无法进一步积蓄的收入水平，低于该水平就只能依靠过去的积蓄，变卖资产或举债来维持消费。位于"最小预算支出水平"或"生计维持点"之下的家庭具有从政府获得帮助的法定权利，马丁·布朗芬布伦纳称此为"被付诸实施的并且受到现代社会拥护的收入再分配方法"。①

如果按阿马蒂亚·森的平等诉求框架，收入分配问题可以简缩如下。

（1）什么要平等？——初次分配的应得收入。

（2）为什么要平等？——应得收入对穷人而言，不能维持基本生计。

（3）怎么平等？——国家财政干预下的再分配工具，以及一个拥有充分信息的识别、分配系统。

这一平等诉求，是基于公平、公正、自由、权利等价值判断，

---

① 马丁·布朗芬布伦纳：《收入分配理论》，华夏出版社，2009年版，第38页。

用手投票之后才得以被付诸实施的。但是，对于收入均等化的短期或长期的效果，如能否改变人们的机会或能力，能否有助于脱贫致富，能否增进社会福利等一连串的问题，平等主义与反平等主义、主张政府干预与反对政府干预的不同流派之间的争论仍在持续。而一个简单的事实是，在经历数代人的更迭之后，贫困仍然是一种社会现象。

二 能力视角下的平等诉求

阿马蒂亚·森认为，由政府制定的"贫困线"不但漠视了个体之间的人际相异性，而且往往遮蔽了人们对贫困背后问题的关注。森在对不平等问题的长期研究中，矢志不渝地捍卫着一个基本观点：人际相异性既是不平等问题之源，又是这些问题之所以重要的原因。他指出，贫困并不是个体福利少，而是缺少追求个体福利的能力。贫困的基本含义是最起码能力的缺失。在收入域里，贫困的相应概念就是实现最起码能力的收入不足，换言之，是由于经济谋生手段不足而造成的能力失效。也可以这样解释，个体的能力缺失是造成贫困的原因，而贫困则是能力缺失的后果。在森看来，贫困分析的首要关注点是可实现某种生活内容的能力。在个体能力与按劳分配的"应得"收入之间，即使我们会用其应得收入信息去推测其所拥有的能力，对贫困分析的焦点也应是能力而不是应得收入。

在这里，森所谓的"能力"（capability），是指"可实现某种生活内容的能力"。也就是个体可获得他所看重的"生活内容"（functioning）① 的能力。个体在生命历程中的活动可以看成由一系列相互关联的"生活内容"所构成，在森的词典里是"一个人处

---

① 又译为"功能性活动"。

于什么样的状态和能够做什么"（beings and doings）的集合。"生活内容"的具体内涵极为丰富，"既包括那些最基本的生存需要，例如获得良好的营养供给、身体健康，避免死于非命和早夭等，也包括更复杂的成就，例如感觉快乐、获得自尊、参加社会活动等，种种生活的内容是个体生存状态的一个构成要素"。[①] 与"生活内容"密切相连的是可实现生活内容的"能力"，可以表述为人们能够获得各种生活内容的不同组合。进一步分析，如果个体具备了"可实现某种生活内容的能力"，就说明他们具有能够选择过某种类型的生活的"自由"，或者说个体具有从若干个可能的生活状态中做出选择的"自由"。在森的词典里，"freedom"与"liberty"是相互区分的，他将"freedom"更多地与"capability"相联系，意指"有能力按自己的意志行事"，暗含的是"更多的可供选择的机会"。区别于"liberty"的"作为权利或价值理念的自由"。最终，他将与"生活内容"（functioning）相联系的"自由"称为"实质自由"（substantive freedoms）。他认为："自由可以看作是一个良好的社会结构中极为重要的东西，而一个良好的社会同样也是一个自由的社会。"[②] 森在此后的著作《以自由看待发展》中，避开了技术性分析，使用更简明的语言，来表述他的"能力分析方法"。一个人的"可行能力"（capability）指的是此人有可能实现各种可能的生活内容组合的"实质自由"，换言之，就是实现各种不同的生活方式的自由。例如，一个节食的富人，就摄取的食物或营养而言，其实现的生活内容组合，也许与一个不得不挨饿的穷人类似，但富人与穷人具有不同的可行能力集，富人可以选

[①]　阿马蒂亚·森：《论经济不平等：不平等之再考察》，社会科学文献出版社，2006，第257页。

[②]　阿马蒂亚·森：《论经济不平等：不平等之再考察》，社会科学文献出版社，2006，第356页。

择吃好并得到充足营养的生活内容组合，而穷人则不具备相同的选择自由。可行能力方法可以提供两方面的信息：一个是关于一个人实际做到的事，另一个是关于一个人有实质自由去做的事。[①]这实际上是评估平等或不平等，以及评价社会制度安排的新思路。

三 自由视角下的平等诉求

在存在人际相异性的情况下，对贫困问题的关注点是个体由收入不足而造成的某种最起码的可行能力的缺失。一个人的可行能力是在将收入转化为某一生活内容组合的过程中实现的，富人与穷人在收入—能力转化之间的转化率不同，富人在自由选择某一组生活内容组合[②]方面没有能力障碍，而穷人即便选择低等级的生活内容组合亦面临能力缺失，如果考虑人际相异性，例如年龄、性别、居住地、健康状况、安全感等造成的障碍，这些障碍降低了个体获得收入的能力，进而也使收入—能力之间的转化变得更困难。在获得能力过程中获取收入的障碍与使用收入的障碍是"耦合"的，因此，森指出，对收入不足的个体而言，存在两种类型的"社会剥夺"：即对收入而言的相对剥夺和对可行能力而言的绝对剥夺。例如，一位收入不足的老人要摆脱疾病、过健康正常的生活、迁徙他地、参与社会活动、拜访朋友等就相当困难。由于遭受收入和能力的被剥夺，个人出现了可行能力的缺失，进而失去了选择自由的"自由"。森还进一步指出，收入—能力之间的转换会依照社会环境和条件的不同而发生变化。在一个普遍富裕的国家，需要花很多的钱来购买足够多的商品以达到相同的社会性的生活内容，比如"体面地在公众面前露面""参与到社会活动

---

① 阿马蒂亚·森：《以自由看待发展》，中国人民大学出版社，2002，第62～63页。

② 如美食鲜衣、豪车豪宅、高尔夫和海滩度假、名牌大学和私人俱乐部等。

中"等。这些一般的生活内容强调对商品的需求，不过所必需的商品量则因不同的社会标准而不同。在印度农村，穿着很普通的衣服也可在公众面前露面而不觉得有失体面，没有电话和电视也能参与到社会生活中。而在人们普遍使用琳琅满目商品的国家，要实现这些普遍的生活内容，就需要更多的商品。这不仅得花费不菲的金钱以取得这种社会性的生活内容本身，而且为了弥补这种能力缺失就得动用本来用以应对可能的疾病和意外风险的家庭财力。如果只关注收入的多少，不考虑可行能力的缺失，则剥夺的程度就可能被低估，也就不可能去关注可行能力的实质自由。

阿马蒂亚·森对不平等的考察，从人际相异性出发，认为在收入—能力转化过程中，由人际相异性造成的转换障碍，使穷人在收入上受到相对剥夺，在能力上受到绝对剥夺，从而处于能力劣势状态，失去了可以自由选择某种生活方式的自由。在理想状态之下，每个人都应该具有选择自己看中的生活方式的可行能力及自由。因此，消除贫困进而消除不平等，就是关注个人自由的发展，使每个人都拥有实质自由。而多种多样的人际相异性，也就形成了多种多样的可行能力，以及多种多样的生活内容组合，它们在选择自由的过程中享有平等的权利。弗兰克·奈特对人类的自由问题投入了深切的关注，他指出，自由本质上是一种社会价值，如同其他社会系统或社会关系一样。但是不应忽略，自由本身对个人就是一种善，不管个人对它的实际评价如何，它都应是一种伦理上的善。[①] 发展个人的可行能力，使之按照个人意愿选择自己的生活方式，既是对善的追求，又是对善的践履。

对贫困及不平等问题的研究，包括实证分析[②]和规范分析。[③]

---

① 丹尼尔·豪斯曼编《经济学的哲学》，上海人民出版社，2007，第111页。
② 对贫困及不平等的定义、测度和描述，建立理论模型和统计检验等。
③ 基于某种价值判断做出解释和评价，提出相应的政策主张等。

由于这类问题的复杂性和敏感性，人们往往会从"人人平等""公平""公正"的良知和善愿出发，提出"结果平等""权利平等"等有关的平等诉求。但在追求自由、平等的过程中，往往忽略了每一个社会成员（例如穷人、能力劣势者）是如何获得自由，如何获得平等的。在经济学领域，从古典理论到新古典理论，从微观分析到宏观分析，平等主义和反平等主义相互纠结，难分彼此。丹尼尔·豪斯曼和迈克尔·麦克佛森（1994）在《经济学、理性和伦理学》一文中，对三个相互竞争的关于经济过程与结果的主要价值观①做出了比较分析。② 阿马蒂亚·森在《以自由看待发展》一书中，亦对三种价值观进行了深刻的剖析。

第二节　对三种价值观的评价

一　功利主义

（一）功利主义的内涵

功利主义价值观可以从三个层面加以表述：第一是结果主义（consequentialism）的经济观。指的是对于行动、规划或政策等所做的一切选择都必须根据其产生的后果来做出道德上的评价，当且仅当没有更好的结果可以选择时，那么相应的行动、规则或政策选择在道德上是可允许的或是正确的。第二是福利主义（welfarism）的道德观，把对事物状态的价值判断限制在每种状态各自的效用之上，只有关于个体福利的结果才具有最终意义，其他价值判断，例如权利或美德，完全被看作促进福利的手段。第三是功利主义，认为只有个体福利水平的总和或平均值才有意义。当且

---

① 即功利主义（Utilitarianism）、契约主义（Contractualism）和古典自由主义（Classical Liberalism）。

② 丹尼尔·豪斯曼编《经济学的哲学》，上海人民出版社，2007，第202~243页。

仅当某种选择不比任何其他选择导致更低的总效用时，那么行动、规划或政策是正确的。功利主义认为，与有可能达到的水平相比，效用总量的损失是一种非正义的表现。[①] 因此，一个非正义的社会就是，该社会中人们的幸福总和起来看，其程度显著地低于应该达到的水平。[②]

（二）对功利主义的评价

阿马蒂亚·森认为，"一个多世纪以来，功利主义一直是占主导地位的伦理理论，并且是最有影响的正义理论之一"。[③] 他对功利主义的评价分为两个方面，他肯定了功利主义视角的长处：（1）按其结果来评价各种社会安排的重要性；（2）评价各种社会安排时，需要关切所涉及的人们的福利。同时又指出功利主义视角的缺陷：（1）漠视分配；（2）忽略权利、自由以及其他非效用因素；（3）心理的快乐感受在人际比较时具有较大的局限性。[④] 丹尼尔·豪斯曼则指出，在结果主义复苏的浪潮中，最引人注目的是出现了非功利主义道德理论，在这些理论里，善的结果是快乐或偏好满足之外的其他目标的最大化。他认为，功利主义对很多人来说都缺乏说服力，除非有一个高水准上的道德超人做出道德判断，考虑所有可选行为的可能结果。否则，人们不仅受到直觉水平上的道德思考的约束，还受到信息完备性的约束，个人不可能是一个功利主义的计算机。

二 契约主义

（一）契约主义的来源和内涵

契约主义的道德哲学有两种来源：一种是以托马斯·霍布斯

---

① 阿马蒂亚·森：《以自由看待发展》，中国人民大学出版社，2002，第50页。
② 阿马蒂亚·森：《以自由看待发展》，中国人民大学出版社，2002，第49~50页。
③ 阿马蒂亚·森：《以自由看待发展》，中国人民大学出版社，2002，第50页。
④ 阿马蒂亚·森：《以自由看待发展》，中国人民大学出版社，2002，第51~53页。

和大卫·休谟为代表的唯理主义，他们把理性和自利以及对讨价还价结果的一致遵守相联系，形成了"互利"的正义观；另一种以康德和卢梭为代表，把理性与对目标的自主追求，以及对普遍原则的共同追求所造成的结果相连，形成了"无偏"的正义观。契约主义的核心道德观念是：对于一个社会来说可以接受的道德观必须在某种程度上反映社会成员的共识。

当代最有影响力的契约主义理论是约翰·罗尔斯的正义论。他认为，必须由那些无偏的理性参与人来约定正义原则。处于极端不确定的原初状态之下的人们，会采取"安全优先"的策略，首先保证其基本的政治与个人自由，然后，会在这些约束之下根据自己的意向决定社会与经济制度，以增进社会中福利水平最低的人的利益。他们之所以做出这种选择，是因为他们认为在"无知之幕"下任何人都可能成为弱势群体的一员，这一选择可以防止人们遭遇太大的不幸。这就意味着正义原则是在一种公平的原初状态中被一致同意的，即社会合作条件是在公平的条件下达成一致的，所达到的是一个公平的契约，所产生的也将是一个公平的结果。罗尔斯的正义原则可表述为：（1）每一个人对于一种平等的基本自由之完全适当体制都拥有相同的不可剥夺的权利，而这种体制与适于所有人的同样自由体制是相容的（自由原则）。（2）社会和经济的不平等应该满足两个条件：第一，它们所从属的公职和职位应该在公平的机会平等条件下对所有人开放（机会平等原则）；第二，它们应该有利于社会之最不利成员的最大利益（差别原则）。他认为，第一个正义原则优先于第二个正义原则（自由权优先），第二个正义原则中的"机会平等原则"优先于"差别原则"。① 罗尔斯指出，造成人与人之间不平等的原因有两

① 罗尔斯：《作为公平的正义——正义新论》，上海三联书店，2002，第70页。

种：一种是社会和文化的，另一种是自然的、天赋的。在他看来，仅仅消灭由社会文化因素产生的不平等是不够的，由自然因素产生的不平等不仅是应该消除的，而且也是能够消除的。一种正义的社会制度应该通过各种制度性安排来改善那些"最不利者"的处境，增加他们的希望，缩小他们与其他人之间的差距。如果一种社会安排出于某种原因不得不产生某种不平等，那么它只有最大程度地有助于最不利者群体的利益，它才能是正义的。①

罗尔斯的正义论在继承契约主义传统理论的基础上，转向了实质性地解释道德观念，并试图代替功利主义的平等理论。他认为，在社会各方讨价还价博弈中的最大最小规则（max in min rule）是恰当的，即选择那种其最坏结果相比于其他选择对象的最坏结果来说是最好结果的选择对象。最大最小规则意味着对功利主义的挑战，因为功利主义在追求个体福利水平的总和或平均值最大化的前提下容许对一部分人的平等自由的严重侵犯。罗尔斯的观点是，如果当事人遵循最大最小规则来推理，那么当事人会一致选择两个正义原则，而非功利主义原则。

（二）对契约主义的评价

丹尼尔·豪斯曼认为，罗尔斯的《作为公平的正义》为政府进行再分配以保护福利最差者利益的行为提供了机会。基于无偏的正义观，人们支持再分配性质的税收的动机并不是理性的自利原则，而是某种形式的道德关怀。阿马蒂亚·森则对罗尔斯的"自由权优先"的主张提出质疑："问题不是权利的相对重要性，而是其绝对优先性"，② 他认为："处于贫困状态的个人，强烈的经

---

① 罗尔斯：《作为公平的正义——正义新论》，上海三联书店，2002，第91～93页。

② 阿马蒂亚·森：《以自由看待发展》，中国人民大学出版社，2002，第54页。

济需要可以是生死攸关的事，其地位为什么就应该低于个人自由权?"① 作为一个坚定的结果主义者，森对于"自由权优先"这一主张可能带来的后果给予了足够的关注，他认为，对贫困国家而言，"并不是说自由权不应该具有优先性，而是说这一要求的形式不应该起到一种使经济要求很容易就被忽视掉的作用"。②

三　古典自由主义

(一) 古典自由主义的内涵

古典自由主义的代表人物是 17 世纪英国经验主义哲学家约翰·洛克，他也是西方第一个批判哲学家。洛克认为，所有的人都是平等独立的，个人拥有对自己财物进行处置的自由权，任何人也不能损害他人的生命、自由和财产。他还提出了一切共和国首要的基本的成文法框架。因此，古典自由主义既是一套政治方案，又是一种政治立场。在古典自由主义者的著作中，自由被看作最基本的价值，通常与以权利为基础的正义观相联系。当且仅当行为与政策没有侵犯任何人的权利时，它们才是正义的。而且，权利所蕴含的义务几乎总是消极的，即不干涉他人的义务。在 1960 ~ 1980 年代，出现了古典自由主义的复兴，当代古典自由主义的代表人物罗伯特·诺齐克提出了著名的古典自由主义的现代版本《无政府、国家与乌托邦》。他认为，自然权利，也就是不依赖于结果的权利，保证了个体的自治，正义就是对权利的尊重，一个结果是正义的，当且仅当它源于对未拥有的物品的公平获取，或者基于公平的初始分配之后的自愿交换。公平获取也就是未侵犯任何权利的获取，而且只有在个体的选择没有侵犯任何权利界限的情形下，交换才在合理的意义上是自愿的。

---

① 阿马蒂亚·森:《以自由看待发展》，中国人民大学出版社，2002，第 54 页。
② 阿马蒂亚·森:《以自由看待发展》，中国人民大学出版社，2002，第 54 页。

（二）对古典自由主义的评价

丹尼尔·豪斯曼指出，由于诺齐克和其他古典自由主义者的权利观念都不是最大化福利，而是保护自由并且允许个人去追求自己的事业，因此，他们认为对福利的考虑并不能成为干涉个人自由的有效理由。他认为，哲学上的古典自由主义者支持极端的自由放任政策，除了像弗雷德里希·哈耶克这样的坚持使政府行为保持最低限度的学者之外，多数古典自由主义经济学家并没有受到哲学上古典自由主义信念的影响，仅是出于一些具体原因，怀疑政府干预在增进效率和调整收入分配方面的作用。

阿马蒂亚·森将诺齐克的古典自由主义主张称为自由至上主义（对于罗尔斯的"自由权优先"，森还持某种容忍态度，认为其可能会导致对经济要求的漠视）。他列举了一类典型事件：从大规模的饥荒，到经常性的营养不足，到地方性的、非极端的饥饿，都能够与其中任何人的自由至上主义的权利都不受侵犯的体制相容：只要不侵犯任何他人的权利，即使成千上万的人沦为饿殍，自由至上主义者都认为理所当然，在排除国家干预的可能性之外，他们只能坐等他人的怜悯。森对这一结果"完全不可接受"。

哲学上的古典自由主义作为一套政治方案和一种政治立场，包括对政治自由权和公民权利的要求。在国际交往中，西方发达国家往往把他们的这种政治立场强加给发展中国家。在这里，有一个问题有必要回答：什么应该是第一位的？是清除贫困和痛苦，还是保障那些对贫困国家来说没有多少用处的政治自由权利和公民权利？本书认为，不能采取非此即彼的方式看待这一问题。作为发展中国家，解决贫困阶层最基本的生活和经济需要应该是首先要考虑的，但是不能就此否定各阶层人群对自由权利的需要。同样，为追求自由权利而漠视人类基本的生存权利和福利改进也是不可取的。我们在做出取舍时应充分考虑两者之间的联系：权利自由的保障能否改善贫困人群的福利水平，反之，贫困阶层生活水平的改善能否促进自由权利的实现。基于两者之间的联系，对于发展中国家而言，应在政策选择中充分考虑提高福利水平和保障自由权利的平衡，以提高贫困人口的生活质量为基础，进一步促进政治权利等自由权利的实现，同时，通过对其自由权利的保障，推动贫困阶层生活状况的改善。

第三节　多元价值观的相容性

一　多元价值观的融合

在上文的论述中，我们简要地分析了西方社会相互竞争的三种价值观。从 20 世纪到 21 世纪，在过去的一百多年中，这些多元化的价值观念以不同方式在不同程度上影响并改变着不同国家的经济生活和社会生活。对发展中国家而言，选择并建构一种符合自身意愿的发展观，具有重要的理论价值和实践价值。因为在经济全球化背景下，任何一个国家都必须立足于人类共有的道德伦理基础之上，展开平等的对话、合作和竞争。只有对多元化的价值观持包容和互惠的态度，才能在价值冲突中寻求共同点。如果说，西方发达国家出于某种狭隘的偏见，往往把自己偏爱的价值观强加于他国之上，居高临下，稍不如意，动辄就施之以强悍的干预手段，那么，发展中国家建构一种既符合自身意愿，又与人类普适的道德伦理一致的价值观与之竞争，应该有助于人类社会的和平与进步。

作为正统的新古典主义者，丹尼尔·豪斯曼力图站在中立的立场上做出评价。而被豪斯曼称为"著名的功利主义者"之一的阿马蒂亚·森则对三种价值观采取兼收并蓄的包容态度，在三者基础上构建了以能力分析法为核心的关于实质自由的理论框架。

豪斯曼指出，在经历了几十年的轻视和冷落之后，功利主义和结果主义在 20 世纪 80 年代开始复兴，结果主义在功利主义者的手里复活并被重构，森发展出一套结果主义理论，在这套理论中，权利、能力和职责比幸福快乐更居于核心地位。

在这方面，阿马蒂亚·森为发展中国家的价值观建构提供了一个极富进取精神的尝试。他的发展观具有以下特点。

第一，"能力分析方法"是一种体现全面性、综合性和包容性的平等观和正义观。森从人际相异性这一经验事实出发，考察一般意义上的平等问题。然而，根据不同的评价变量而来的对平等的诉求往往相互冲突，人际相异性会使在某一领域坚持平等主义就必然拒斥另一领域的平等主义。为了消除这一障碍，他用个体的"可行能力"来统合源自人际相异性的多元化平等诉求。通过具体的"生活内容"组合，对"可行能力"给予价值赋值，得到所谓的"可行能力"向量集。在对收入—能力转化的分析中，森揭示了能力劣势者所遭受的不公平对待和被剥夺，他最终关注的是个体之可自由选择的获得有价值的生活内容的能力。但森的关注焦点还不在于可行能力的本身，而在于自由选择的实现，即获得实质性自由。森在构建有关实质自由的理论体系过程中，是在现有价值观基础上的综合和扬弃。对功利主义，森扬弃了其以心理满足为基础的效用分析方法，用能力分析方法取而代之。但仍然坚守结果主义立场，始终关注可行能力的实现。对契约主义，森认为"机会平等"并非全面自由的平等享有，如果要全面理解"真正的"机会平等，就要从能力平等的角度进行审视，而差别平等，则忽视了效率问题。森指出，必须关注个体所拥有的可行能力的总和值大小。对古典自由主义，森认为要免除能力劣势者的被剥夺和不公平对待，保证自由和权利的不受侵犯是必须的。

第二，友善性发展观及其对发展过程的整合性作用。森把发展看作扩大人们享有的实质自由的一种过程，自由之所以重要是因其在发展中的"建构性作用"和"工具性作用"。[①] 森提出了体现自由"工具性作用"的五种政策安排。

（1）政治领域的自由。是指在一个秩序良好的社会中公民普遍享有的内容广泛的自由和平等的权利，森在对贫困、经济不平等问题的长期研究中，对广大发展中国家乃至发达国家中处于不利状态的穷人或者能力劣势者进行了考察，得出了穷人在收入和能力上被剥夺的批判性结论。而被剥夺的根源，在于穷人在自由和平等的权利享有上的缺陷。是不公平或者不公正的社会安排，侵犯了他们的自由权利和平等权利，使他们失去了社会参与和诉求平等的权利和机会。

（2）经济条件。"是指个人分别享有的为了消费、生产、交换的目的而运用其经济资源的机会。"[②] 森认为，市场体制的优点在于其承认个人参与市场交易的机会自由，可以成为经济快速增长和生活标准提高的发动机。他反对那种试图通过不合理的市场准入制度剥夺个体参与市场交换的自由权利的观点，主张减少国家充当"颁发许可证的官府"的过度管制作用。

（3）社会机会。"指在社会教育、医疗保健及其他方面所实行的安排。它们影响个人赖以享受更好的生活的实质自由。"[③] 森主张，在这个领域，社会干预，包括政府扶助，应该发挥重要的作用。政府通过社会保障体系的发展来创造社会机会，通过社会机会，特别是基础教育，来促进经济增长，对发展中国家而言，需要通过公共政策创新来创造社会机会。

（4）透明性保证。指人们在社会交往中所需要的信用保证或

---

① 阿马蒂亚·森：《以自由看待发展》，中国人民大学出版社，2002，第30页。

② 阿马蒂亚·森：《以自由看待发展》，中国人民大学出版社，2002，第32页。

③ 阿马蒂亚·森：《以自由看待发展》，中国人民大学出版社，2002，第32页。

者责任承诺。在社会交往中，如果缺乏信息披露的公开性、透明性和准确性，缺乏最起码的信用保证和责任承诺，市场机制就会失去作用，导致市场失灵。森指出，"透明性保证所涉及的，是满足人们对公开性的需要，在保证信息公开和明晰的条件下自由地交易，当这种信用被严重破坏时交往的双方以及其他人的生活可能因为缺乏公开性而受到损害"。① 在政府与公众的交往中，透明性保证和知情权的工具性作用，是"一目了然的"。而在商品交易中，厂商对货物与服务的品质保证和安全性保证，对消费者权益而言，亦是对个体生命权利的必要保障。

（5）防护性保障。在经济体系正常运行的时候，总会有一些人由于能力缺失，而处于受损害的边缘（例如失业）或实际上落入贫困境地。当国家出现经济灾难或者自然灾难的时候，会有更多人陷入困境，面临挨饿乃至死亡的威胁。在这些情况下，社会有必要通过建立社会安全网来对贫困人群提供防护性保障，包括针对失业人口和贫困人群的货币补助等形式的制度安排和应对突发情况（如自然灾害）的应急性措施。

第三，"以自由看待发展"，或者说实现"实质性自由"的价值观念，具有普适性内涵。在比较了东西方文化和价值观念的异同之后，阿马蒂亚·森认为，自由的压倒一切的价值，要以强烈的普适主义为前提。

二　包容性增长对森的发展观的吸收与发展

包容性增长作为一种为解决发展中国家在增长进程中面临的不合意问题而提出的增长模式，其对不平等问题的关注隐含了价值判断的引入。为实现效率与公平的兼顾，包容性增长吸收了森

---

① 　阿马蒂亚·森：《以自由看待发展》，中国人民大学出版社，2002，第 32 页。

发展观的部分内涵，体现在：（1）包容性增长以机会均等为核心，体现了对个人可行能力和实质性自由拓展的重视。教育、就业和公共卫生服务等方面机会均等的实现，一方面能通过机会的平等开放提高个人参与经济活动的能力，另一方面能拓展个人的实质性自由，增加其参与经济活动的自由选择权，这对个人的能力发展和社会的进步都有积极作用；（2）包容性增长致力于消除贫困和不平等，符合社会大众对经济增长的道德要求，亦体现了在增长过程中对能力弱势者持友善性态度的发展观。森对贫困和不平等问题的关注是其发展观提出的来源之一，包容性增长的包容性得以实现的条件之一就是解决贫困和不平等问题，而这些问题的解决一方面依赖于经济增长，另一方面依赖于合理的制度安排。包容性增长作为一种以机会均等为核心、注重效率与公平兼顾的增长模式，可以在做大"蛋糕"的同时，通过推进机会均等的政策安排有效解决不平等问题，实现既有增长，也有发展。

包容性增长在吸收森的发展观中重视个人能力和自由拓展的内涵的同时，亦在理论和实践层面进行了拓展。一方面，包容性增长进一步强调了以机会均等促进不平等问题解决的增长模式，既能解决增长的目标问题，又能为持续增长提供动力。因为教育、就业和公共卫生领域的机会均等，不仅可以通过人力资本的积累和劳动力质量的提升为长期增长的实现提供条件，还可以通过改善收入分配状况、增加有效需求和社会储蓄带动增长，通过供给和需求层面的优化实现可持续增长。另一方面，包容性增长将对个人能力和自由的拓展细化到了政策安排层面。为促进教育机会均等、就业机会均等和公共卫生服务均等化等做出的政策安排，由于有效拓展了个人的能力—收入转化能力，提升了个人的收入水平，为其进一步发展能力提供了货币基础，而且收入差距的缩小能为有利于个人自由发展的政治制度的构建提供良好的社会环境，进而实现个人的实质性自由这一发展目标。

小结

基于消除不平等是包容性增长的目标之一这一背景，本章从收入、能力和自由三个视角分析了平等诉求的含义和构成，结合对功利主义、契约主义和古典自由主义的分析和评价，考察了森所提出的发展观对三种价值观的整合。包容性增长因包括对不平等问题的关注和强调机会均等的实现等内涵，一定程度上契合了森的发展观，符合个人三个层次的平等诉求：①通过经济增长和所有阶层平等参与经济增长解决收入不平等问题；②基于机会均等的实现满足人们能力视角下的平等诉求；③基于个人可行能力的拓展和机会均等来实现个人的实质自由。

第四章 公平、效率与可行能力

在前一章中，我们分析比较了三种价值观，阐述了森的发展观对三种价值观的整合，分析了包容性增长对解决不平等问题的关注所隐含的价值判断问题，指明了其对重塑发展中国家增长价值观的意义。包容性增长对平等问题的关注，是否就意味着包容性增长不重视效率，只关注公平问题？为回答这一问题，本章基于对效率和公平含义的界定和实现条件的分析，梳理公平与效率关系的相关论述，结合中国市场经济改革之后的公平与效率关系的变化，对公平与效率的协调展开讨论。

第一节 经济效率的含义和实现条件

一 经济效率的含义

从一般意义上讲，效率与公平是两个完全不相关的概念，在经济学中，效率被看作成本与收益之比率，或是投入与产出之比率。以最小成本（投入）获得不变的收益（产出），或者以不变的成本（投入）获得最大的收益（产出），这就是厂商行为的效率原则。在局部均衡分析中，当消费者处于均衡时，他们得到最大效用而处于有效率的地位，即处于不能再改进的地位。当厂商处于均衡时，他们使成本缩减到最小，并最大限度地扩大成本与收入之间的差额。因此，处于均衡中的厂商也处于有效率的地位，即一种不能再有改进的地位。在这里，"效率"的含义发生了变化，等同于福利经济学中的"福利"。效率的评价标准也为帕累托改进所替代。然而，经济学家们并不满足于仅在局部均衡中应用福利经济学的分析方法，他们将这种应用称为"第二好的理论"。他们将注意力集中于全部价格、全部需求以及全部供给之间的相互依赖性上。卡尔多、希克斯等人为了在帕累托原则基础上扩大福利经济学的适用范围，提出了"补偿原则"。在此基础上，柏格森、萨缪尔森等人利用序数效用理论，发展了所谓的新福利经济学和一般均衡的社会福利函数，使得在一般均衡条件下，福利经济学的分析方法在各种命题的研究中应用得更加具体化，并得到了广泛的发展，成为"第一好的理论"。

在福利经济学的命题中，所谓"效率"，最一般的意义是指现有生产资源与它们所提供的人类满足之间的对比关系。需要指出的是，就福利经济学而言，只要涉及"社会福利"，就会涉及种种价值判断问题和效用比较问题，而这些问题是理论家们所不能或尚不能给予确切回答的，他们所能给予明确描述的只是那些"社会福利"有所增进或有所降低的情况。①

二 经济效率的实现条件

要实现经济效率（抑或帕累托最优），至少存在一个最基本的假设条件，即完全竞争市场的假设。什么是完全竞争的市场？斯蒂格勒根据亚当·斯密的看法，概括出来5个完全竞争市场的条件：②

---

① 人们至今所能给予明确界定的"经济效率"概念，也就是"帕累托效率"，或称"帕累托最优"。

② Stigler G J. Perfect Competition, Historically Contemplated. *The Journal of Political Economy*, 1957, 65（1）: 1 - 17.

（1）独立性假设。参与竞争的人们的行为之间不能有共谋，竞争者之间的行为必须保持独立。（2）正常水平利润的假设。商品市场中竞争者的数量，必须要足够大，大到能够消除所有超过正常水平的利润。只要允许足够多的人参与竞争，那么竞争出来的利润就应该是已经去掉了超额利润的正常利润。（3）充分信息假设。该假设包括两层含义：第一，无偏观察者必须是"充分知情的"；第二，每一个参与竞争的经济行为人或单位，必须拥有足够多的关于市场机会的知识（知识论假设）。（4）自由假设。每个参与人都有自由定约的权利，如果参与人光有知识，没有行动的自由，就没有自由竞争。（5）动态假设。必须允许有足够长的时间，以便让市场机制发挥作用。经济学家们证明，只要经济的一般均衡存在，那么竞争均衡必定是帕累托有效的。[①] 他们还证明，任给一个初始分配方案，重新做财产分配，让所有的社会成员得到相应的份额，然后让他们经过自由竞争，达成一般均衡，这种均衡就一定会达到帕累托最优。[②] 然而，现实生活中的真实市场与理想中的完美市场往往存在相当大的差距，并且由于种种非竞争因素和非市场条件，存在市场对经济效率的偏离。因此，从某种意义上讲，福利经济学为人们建构了一个通向帕累托最优境界的思想平台，经济学家可以借此展开一场马拉松式的学术竞争。

福利经济学的主题是消费者和生产者的经济福利，以及改进这种福利的途径。福利经济学本身和"福利国家"的再分配安排之间只有间接的联系。福利经济学考察的是作为个人的全体社会成员的经济福利情况。经济福利包括个人从消费商品、劳务以及从享受闲暇中所得到的主观满足，而且经济福利只限于这些主观满足，这些满足事实上或原则上都是用货币这个尺度来衡量的。

---

① 福利经济学第一定理。
② 福利经济学第二定理。

更多的经济福利，或者更高水平的经济福利，意味着更多的满足，或者是更高水平的满足。有学者认为，现代福利经济学面临三项主要任务：（1）确定和分析经济效率的规律；（2）指出使实际效率更加接近理想效率的方法；（3）把有关经济效率的规则应用到任何类型的经济中去。①

　　本章至此围绕"经济效率"这一中心议题，再度对福利经济理论进行简要梳理，不难看到，在福利经济学的理论议题中，基本上看不到"效率"与"公平"的内在冲突、矛盾及对立。经济学家们做出证明，竞争性均衡能和许多不同的收入分配类型和谐并存。A. C. 庇古和 A. P. 勒纳把最适度的经济福利想象为效率和公平的一种结合。对他们来说，公平指收入分配尽可能接近于不损害劳动积极性的收入均等化。但是，经济学家们的正统的和占优势的看法是，经济学对收入分配应该是怎样只能持中立态度，除非从经济学领域之外强加进来一种价值判断。实际上，作为经济效率概念理论基础的帕累托原则，本身就是一种价值判断。它断言，在其他人状况不变时，只要有一个人或一部分人的状态变好，社会福利就有所提高。这个原则被看作"最低限度的善行原则"，它所含的价值判断，被认为是"普遍接受的"。如果说柏格森—萨缪尔森社会福利函数在理论上有新进展，那就是它使人们可以在理论上明确区分经济效率和收入分配两个方面的问题，从而有利于明确区分社会福利概念中所包含的各种价值判断。所以，在福利经济理论文献中，经济福利一词通常指的是效率和公平这两个准则的结合。我们可以从三个方面理解效率与公平的结合问题：（1）经济福利是建立在个人自利的价值判断基础上的，社会福利的增进或改善与否，必须依赖个人偏好的满足程度判断。而

---

① D. S. 沃森、M. A. 霍尔曼：《价格理论及其应用》，中国财政经济出版社，1983，第 3~7 页。

社会的偏好顺序，又取决于每个人的偏好顺序。完全的私有制是社会福利函数中所包含的最基本的价值判断。（2）在完全私有制和完全凸性假设基础上，福利函数表明，如果社会生产没有增长，任何经济变动都只能是一方受益，另一方必然受损的利益再分配，这时就很难对总福利水平提高与否做出判断。然而，对于给定的收入分配方式，国民收入在增长时，必然导致福利水平的提高。（3）如果给定社会生产能力和经济效率，福利最大化问题就取决于收入分配方式。而收入分配方式的选择，取决于当时社会上占主导地位的道德准则。因而在通常情况下，经济学家们只能把经济中现存的收入分配制度，当作"既定的"、合理的制度安排。

第二节　公平的含义和实现条件

一　公平含义的发展

"公平"一词往往与"公正""平等""正义"等词语相互替换使用，往往还涉及"自由""权利"等问题。对这些概念可以做出严格的区分，但是，包括"公平"一词在内，这些词语至今还未能得到一个具有普适意义的解释。"公平"作为一种价值判断标准，将其用于评价收入分配状况，就产生了"分配公平"或者"分配不公平"的判断结果。因为有"不公平"存在，才会有对"公平"的诉求，所以，"公平"既有绝对意义又有相对意义，可以用洛伦兹曲线和基尼系数加以描述和度量。对于公平的判断尺度，可以从客观价值立场和主观价值立场分别加以说明。前者取决于每个特定社会占主导的伦理道德标准和文化传统，依赖于历史情境，或者是社会偏好排序；后者取决于个人的偏好及其满足程度，依赖个人的正义感或是个人偏好排序。西方学者继罗尔斯的正义论之后，提出了一些不同的有关公平（正义）的价值判断，如约翰·罗默（Roemer J E.，2004）提出的"折中分配的伦理"，① 科瑙（James Konow，2001）提出的正义原则，② 以及豪尔绍尼的"规则功利主义"和费施伯恩的"无嫉妒的收入分配"原则等。其中，豪尔绍尼的"规则功利主义"和费施伯恩的"无嫉妒的收入分配"原则作为代表，产生了广泛的影响。

二　公平的实现条件

豪尔绍尼（John C. Harsanyi，1955）从主观价值论的立场出发，考虑在每一个人都按照自己的主观想象来判断收入分配是否公平时，是否能找到一个解决方案，让这些主观的判断相互一致？他认为，必须回到先天，即人类社会的初始状态，假设先天相同的个人偏好没有差异，可以充当一个"无偏观察者"的角色。因为在现实生活中，人们的家庭教育和社会经历的不同，会造成个人偏好的差异。如若抽去后天的人际相异，回到人类的原初状态，就存在一个充分知情的"无偏观察者"，来帮助人们解决公平分配问题。类似于当两个人发生纠纷时，由一个公正的第三者充当裁判，就形成了"先天相同的一群个人，在充分知情情况下，为其他社会成员以及他自己来判断社会是否公正"这样一个解决方案。这个第三者实际上必须做出两个决定：一个是找出全部的有效率的分配方案；另一个是从众多的有效率的分配方案中选择一个被这个第三者认为最公平的分配方案。

彼得·费施伯恩（Peter G. Fishburn）和拉克斯·撒林（Rakesh K. Sarin）1994 年提出了"公正与社会风险"问题，把社会风险与

---

① 罗默将个人的福利状况分为四个等级，在四个等级上，采用不同的伦理原则进行分配。

② 科瑙基于程序正义和分配正义这两个视角，提出了三个广义的正义原则：可计算性原则、效率原则和自由主义原则。

个人的正义感连接起来。他们认为，社会风险依赖于社会成员对于社会不公平的看法，一个社会如果极端不公平，那么必然就蕴含着巨大的风险。[①] 因为个人在感受公平或者不公平的时候，通常会受到"嫉妒"心理的支配，其偏好得不到满足，就会产生"不公平"的感觉。例如，当大家每天骑自行车上下班，每月领相同的工资时，就很少有互相嫉妒，不会感受到不公平。而当其中一些人开豪车上班，每月工资上涨了十倍、百倍时，另一些人就会感受到不公平。再如，某人中途下海，白手起家，辛辛苦苦当上房地产公司的老板。当他看到一些无所事事的人有私人飞机、私人游艇的富豪生活时，亦会感到不公平。对诸如此类的情况，费施伯恩提出的解决方案就是所谓的"无嫉妒的收入分配"原则。这是一个经典的巴纳赫无嫉妒切糕问题。在二人分糕的情况下，先由第一个人切糕，切完以后让第二个人挑，规则制定者（第一个人）与执行者（第二个人）的位置可以互换，这是唯一的有效解。如果扩展到 n 个人切糕问题，方法是，第一个人切，后面 $n-1$ 个人讨论谁先拿，把第一个人排除在外。然后，从 $n-1$ 个人中找出第 2 个切糕的人，再由剩下的 $n-2$ 个人讨论谁先拿。这是唯一正确的一个"无嫉妒分配"方法。费施伯恩提出了一个实证的检验无嫉妒的方法：假如有一个巴纳赫程序来解决无嫉妒分配问题，但不知道是否每个人都无嫉妒，此时，就要询问每个人，是不是愿意和其他任何一个人互换自己的位置，也就是说，你愿意和其他任何一个人交换切好后的"蛋糕"吗？如果没有人再想和另外的人互换位置，就达到"无嫉妒状态"均衡，每个人都认为分配是公平的。[②]

综上所述，在明确区分了经济效率和收入分配两个方面的问

---

① 汪丁丁：《社会正义》，《社会科学战线》2005 年第 2 期。

② 汪丁丁：《社会正义》，《社会科学战线》2005 年第 2 期。

题之后，也就可以区分各种不同类型的价值判断标准。经济学家们认为，经济效率概念并不是一个完全不含价值判断的概念，它只是"价值判断最少"的概念。经济效率概念所不包括的价值判断，就是对收入分配"公平"与否的判断。[①] 然而，人们并没有任何"义务"来遵循关于经济学"界限"的"约定"，对此，丹尼尔·豪斯曼指出，无论是自由放任还是政府干预的支持者，多数经济学家都持有同一个道德信念，即完全竞争的理想。这种情形导致了一个悖论：一方面，经济学家并不把自己看作道德哲学家，在研究福利经济学理论的时候，他们试图绕开争议甚多的伦理研究，认为理论福利经济学独立于所有的价值判断；但另一方面，当利用福利经济学处理政策问题时，经济学家显然又在以道德权威的口吻说话，自称知道怎样使生活更美好。此番评价可谓一语中的，从某种意义上讲，相对于效率和公平而言，他们所追求的目标乃是理想中的完美市场，并非"最大多数人的最大幸福"。

现代福利经济理论在二战后得到发展和兴盛，因其被视为"第一好的理论"，快速进入学术思想市场，备受关注并拥有了强大的影响力。如同经济发展理论、经济增长理论一样，对发展中国家产生了广泛和持久的影响。与后者不同的是，现代福利经济理论更加具有挑战性，西方学者 D.S. 沃森和 M.A. 霍尔曼（1977）声称：要把有关经济效率的原则应用到资本主义的、社会主义的或是其他任何类型的经济中去，并将之视为现代福利经济学的任务之一。典型的案例，就是在苏联解体之后，俄罗斯在西方经济效率原则指导下，采取"休克疗法"的方式，实施以私有

[①] 经济学只能分析不同的分配方案会导致怎样的经济后果，但社会采用的分配方案必须由经济学以外的"道德准则"决定，而不能由经济学本身决定。或者说，经济学分析必须以"既定的收入分配方案"为前提和基础，但这一"既定的收入分配方案"由当时社会通行的道德准则决定，也就是当时条件下社会普遍接受的某种分配方案。

化为导向的制度变迁。在从计划经济向市场经济转型的过程中，"市场化"成为一种通行的潮流。然而，要观察市场化之后社会福利的增进，尚需假以时日，在足够长的时间内，让市场机制充分发挥作用。同样，中国在市场化进程中也面临自己的问题。

第三节　公平与效率的协调

一　福利经济学视角下公平与效率的协调

现代福利经济理论尽管明确区分了经济效率与收入分配，以避免价值判断上的纠结和冲突，但是，由于建立在理想的完全竞争均衡基础上的福利函数所存在的局限性，其不可避免地要遭受到来自平等主义和反平等主义的交叉攻击，只不过二者论争的领域，从传统的分配领域扩大到了理想市场中的效率领域。其中，以站在穷人立场说话的平等主义者阿马蒂亚·森的一以贯之的批判最具代表性。森的评论可以归纳为以下几点：（1）"以帕累托最优为基础的现代福利经济学，因其过于窄化的关注焦点而不适宜用于研究不平等问题。""'帕累托最优'这个概念的提出与发展恰是出于消除分配判断的需要。"例如，在一个富人与穷人之间存在严重不平等的社会中，如果穷人的境况不变而富人的福利获得不断增进，当这种帕累托改进一直改进到不能再改进时，就达到了帕累托的最优状态。所谓的"帕累托最优"在此毫无说服力。以二人分糕为例，假设每人都倾向于获得更多的蛋糕而不是相反，则每一种分配方案都是帕累托最优的，因为任何使其中一个人变得更好的方案将使其他人变得糟糕，帕累托最优可以为任何一种分配方案辩护。（2）新福利经济理论完全避开了个体在福利（或机会和自由）方面的差异，不管是个体利益大小的人际比较，还是个体利益得失的人际比较都将不复存在。森认为，从 20 世纪 30

年代的大萧条以来，回避人际比较已成为主流经济学的传统。其原因在于一些学者对人际比较的强烈批判，其他经济学家紧随其后，显而易见的人类苦难和不幸不再激起他们的研究兴趣，他们对此视而不见。他们尝试解决社会选择问题的思路，就是将社会福利函数定义在个体的偏好排序的集合的基础上。正是这点，使这种分析框架明显不适于用来分析分配问题，完全消除了分配判断的可能性。因此，森从人际相异性出发，提出了他的收入分配方案，即弱平等公理（WEA）。① （3）伯格森和萨缪尔森在关于社会福利函数的经典表述中，倾向于只直接关注成就，② 而个体自由仅被间接地作为实现成就的手段。在某种意义上，这点也同样适用于阿罗的社会选择理论框架。阿罗的社会选择理论关注的是个体对社会事务状态的偏好，而不是在社会事务诸状态中进行选择的自由。但是，这点在很大程度上取决于我们如何描述社会事务状态的特征，特别是，可转向其他状态的选择是否应成为某个特定状态的组成内容。对此，森提出了所谓的不可能性定理，证明了"最小自由"和"帕累托最优"是冲突的。③ 这意味着，对帕累托最优的选择结果，存在剥夺一些人的"最小自由"的情况。或者说，在对效率的追求中，不同个体之间并非是无冲突的。

事实上，对经济效率或帕累托最优状态而言，人们存在两个方面的理论需求：一是希望能找到某一种达致帕累托最优的分配方案；二是试图选择某一种分配方案从而实现帕累托最优。虽然福利经济学第一定理和第二定理做出了肯定的回答，但存在难以

---

① 设在任一收入水平下，个体 i 的福利水平都比个体 j 的低，则在将一定的总收入在包括个体 i 与 j 的若干个体中进行分配时，最优方案必定是：分配给个体 i 的收入要多于个体 j。

② 例如偏好的实现、消费满足等。

③ 森认为，即使通过减弱阿罗的理性要求，社会选择可以理性化，仍会出现帕累托最优与最小自由之间的冲突。

解决的实际操作问题。这或许是人们对理论的苛求，因为一个社会对财富分配和收入分配的更改，就意味着发生一场社会革命。从 1910 年代开始，世界范围内存在两种典型的收入分配制度：一种是以私有财产为基础的按"应得"原则（即按实际工作业绩多劳多得）的收入分配；另一种是以公有财产为基础的按"需求"原则（即按最低需求或按"人头"的平均分配）的收入分配。西方学者认为，这是两种"相互竞争"的学说。有趣的是，这两种分配方案都是按"定距尺度"（也就是基数）测定分配结果的"平等程度"的，即按照洛伦兹曲线来计算基尼系数。西方经济学文献中涉及的有关"平等"的测度方法有两大类：其一是从某种客观的意义上进行的统计描述；其二是从社会福利的某种规范概念出发提出的测度指标，具有道德评价的倾向。[①] 按照森的有关"平等"的观点，这两种分配方案具有不同的"平等"内涵：按"应得"原则的收入分配是以"劳动"为同一尺度，通过市场配置资源实现平等的。在西方学者看来，这是市场给予的，每一个人都理应有权得到的收入，它体现了自由市场作用的公平原则。按"需求"原则的收入分配是以"人际相异性"为基础，通过指令性计划实现平等的。虽然还不是理想境界中的"各取所需"，但至少体现了按最低需求计算的平均分配原则。从形式上看，这两种分配方案都具有"公平"的含义，但让人们关注的焦点是效率问题。对前者而言，在一个竞争市场中，如果一个人能够提供更多的边际贡献，就可以得到更多的劳动收入，其努力程度与收入回报是对称的，他也就具有按照个人意愿选择某种生活内容的自由。对后者来说，在计划指令的控制下，个人工作努力与否与收入回报不对称，不管人们努力工作还是不努力工作，得到的是几乎相同

---

① 在给定的总收入不变的情况下，不平等程度越高就表示社会福利水平越低。

的劳动收入。在此情况下，根据理性计算，每个人都会选择不努力工作，一个严格占优策略导致了一种共谋解决方法。由此可以判断，按"需求"分配的结果会导致要素投入及产出的低效率状态。早在 20 世纪中叶，市场社会主义的代表人物奥斯卡·兰格就看到了这一点，计划经济体制所面临的一个非常基本的问题，就是公平与效率的冲突（即要公平不要效率）。

二 中国改革开放以来公平与效率的关系

中国从 1978 年开始的改革开放，主要是从传统的按计划配置资源向由市场配置资源的经济转型，一个初始目标就是：提高经济效率，实现经济增长。经过 30 余年的努力奋斗，中国达到了其初始目标，出现了两大变化：一个是 GDP 和人均 GDP 持续高速增长，从低收入水平国家跃升到中等收入水平国家；另一个是收入分配的公平程度发生了重大转折，从 1978 年以前的一个低收入水平上的相对平等社会，渐次成为 2010 年代一个高收入水平上的相对不平等的社会。按照费施伯恩从主观价值判断出发的"无嫉妒的公平"原理，社会风险依赖于社会成员对于社会不公平的看法，随着不公平状态的恶化，社会风险也会逐渐增大。这两大变化互相关联，我们可以从公平与效率交替的视角，将其划分为两个时段加以考察。

第一个时段（1978～1998 年），这是在中国改革开放中具有决定性意义的时段。从起始点出发，中心议题就是改革劳动收入的分配方案，从过去传统的按"需求"的平均分配，逐步转向按"应得"的多劳多得。这种安排无疑释放并激励了社会成员的工作热情和积极性，进而提升了经济效率，促进了经济的持续增长。在农村，超过 2 亿的剩余劳动力开启了史无前例的转移流动，预示着按人头分配实物产品时代的终结和按"应得"分配现金的新时代的来临，走出了"金融深化"的第一步，市场价格开始发挥作用。在城市中，出现了国有经济、集体经济和个体经济竞争的格局，就业渠道和就业机会的增加，使城市居民的收入状况获得普遍改善。勃兰特和罗斯基指出，改革最初的成功起到了有力的募集作用，以高回报为"诱饵"为改革事业增添了许多有影响的转机，形成了一个"亲成长联盟"，即一个由志同道合的人组成的联合体，他们的目标是促进发展，推进以市场为导向的改革事业。[①] 巴里·诺顿指出，20世纪80年代的改革是"没有受损者的改革"，由于没有损害任何群体，改革非常成功。90年代中期以后，中国的改革者放弃了这一良性的社会结果。由于无法不加限制地保护竞争中的国有企业，改革者迅速收缩了国有部门。诺顿认为，"城市居民是中国社会中一个具有相对特权的群体，工作单位则是城市社会的基石"。[②] 在20世纪60年代中期到90年代城市单位发展的高峰期，城市居民拥有下列福利：（1）工作保障；（2）有保障地低价获取粮食和食品，以及其他稀有商品；（3）医疗；[③]（4）退休后的养老金和包括医疗在内的其他福利；（5）孩子的小学和中学教育；[④]（6）由工作单位提供的低成本住房。[⑤] 诺顿指出，中国的剩余劳动力是一个包袱，这个包袱迫使改革者小心翼翼地从事经济改革，迫使他们宽容（甚至创造）因人设事的工作岗位，并使他们排除了以短期失业的骤然增加为代价，实施能够迅速提升生产力的更激进的改革措施的机会。20世纪90年代中期以后，改革者因为对城市经济的弹性有了足够的信心，才愿意

---

① 劳伦·勃兰特、托马斯·罗斯基：《伟大的中国经济转型》，上海人民出版社，2009，第15页。

② 巴里·诺顿：《中国经济：转型与增长》，上海人民出版社，2010，第98页。

③ 大约40%的综合医院床位设在国营企业里。

④ 70%的国营企业开设相同的学校。

⑤ 巴里·诺顿：《中国经济：转型与增长》，上海人民出版社，2010，第100页。

改变这一立场。下岗的大潮出现于 1995 年和 1996 年。在 1996 ~ 1999 年的 4 年中，平均每年有 700 多万名职工下岗。2000 年后，新下岗职工人数才逐步减少。此后，永久性固定就业体制（终身就业）永远消失了。在第一个时段的前半期（1978 ~ 1992 年），中国的经济改革不仅满足"弱帕累托改进"条件,[①] 亦满足"强帕累托改进"条件,[②] 效率与公平的关系处于协调状态。因为改革者尚在提升城市职工的福利水平，所以，社会道德的天平是向"公平"倾斜的。到了第一个时段的后半期（1993 年 ~ 1998 年），随着市场化的进一步推进，此前过度膨胀的国有企业和集体企业所超额吸纳的富余职工，反而成为压垮公有制企业的最后一根稻草。改革者对于冗员和亏损企业的宽容达到极限，被迫交由市场裁汰。1993 ~ 2004 年，大约有 5000 万名职工下岗，随着大量企业的退出和重组，以公有制企业为基础的城市职工福利制度在 1998 年宣告终结。对于"减员增效"的后果，诺顿认为，一旦决策者决心要"打破铁饭碗"，缩小国有部门的规模，即使养老金和医疗保险计划远远没有完成，市场化也要一跃而成。其结果，不管是在城市还是在农村，社会上很大一部分人感到自己被排除在周围正日趋繁荣的生活之外了。从福利经济理论的角度看，这是一种一部分人的利益受到侵害而另一部分人的处境有所改善的非帕累托改进。通过大规模的失业和再就业达到了资源的市场配置，然而效率的改善是以人们的利益损失为代价的。效率与公平的关系亦由前期的协调状态，演变为紧张的对立状态，社会道德偏好从公平趋向效率。这就意味着在改革的后续阶段，应通过对"失利"群体的福利补偿，达到公平与效率的协调。

　　在第二个时段（1999 ~ 2012 年），从效率与公平的视角考察，

---

① 在不损坏其他人福利的条件下，一部分人的福利获得改善。
② 所有人的处境都同时得到改善。

中国出现了三个重大变化：（1）城市劳动力市场的新二元结构，即城市正规就业部门和非正规就业部门。正规就业部门包括按照现代企业制度建立的"新企业"，主要是改制、重组后的国有企业、合资企业、集体企业按多元化产权结构设立的有限责任公司（这类"新企业"是市场体制下的新经济主体），再加上政府部门和事业单位。非正规就业部门主要是私营企业、个体经营单位和"其他"类型的就业渠道。正规就业部门与非正规就业部门在就业稳定性、个人发展前途和薪酬福利保障及安全感三个方面，存在悬殊差异，前者远远好于后者。但在吸纳劳动力方面，非正规部门则超过正规部门。据巴里·诺顿的测算，2009 年中国城市劳动力约为 3.1 亿人，其中在正规部门就业的有 1.2 亿人，在非正规部门就业的约有 1.9 亿人。非正规部门得到的政策支持和市场待遇远低于正规部门，处于劣势地位的非正规部门就业人口超过城市劳动力的 60% 以上，这种劳动力市场的二元结构造成了新的不公平因素。（2）城市居民形成两类差异性人群，一类人群拥有资本、技术和从新经济中获利的机会，另一类人群则没有必要的资本和技术。虽然人力资本回报大量增长，但人力资本的分配并不公平。而且市场扭曲也使一些占位较好的人有了利用机遇的能力。在收入—能力的转换中，一些人出现了收入的缩水，另一些人则产生了收入的溢价。这种情况也同样表现在按个人意愿选择生活内容方面，一些人由于可行能力不足而失去了自由选择的机会；另一些人则拥有强大的可行能力，因而获得了自由选择的极大空间。总之，在个体选择排序和社会选择排序之间，在个体福利状态和社会福利分享之间，呈现出多元化和多层次的社会架构，这些复杂的市场因素和制度因素都在重新塑造中国的利益格局。（3）对1990 年代的非帕累托改进带来的后果，改革者在第二个时段进行了必要的补救，修复了城市社会安全网络中的漏洞。但是，改革者不仅面临利益补偿问题，进入 21 世纪之后，在收入分配方面，中国还面临三个方面的问题：第一，建立城市劳动力市场的社会保障体系。城市正规部门已经建立了一个有组织的社会保障体系，但在非正规部门就业的人口和从农村进入城市的就业人口，也需要建立一个有组织的社会保障体系。在此基础上，还要逐步消除城市劳动力市场的二元结构，建立统一的城市劳动力市场和统一的城市社会保障体系。第二，建立农村劳动力市场的社会保障体系。第三，到 2013 年，全国 60 岁以上的老龄人口比重已达到 15%，需要建立一个城乡一体化的使老龄人口得以生存的社会保障体系。而建立一个多层次的社会保障体系，将是一项庞大而持久的社会工程。改革者需要保证尽可能为社会最大多数人带来尽可能多的经济福利，需要保护弱势群体，重新强化 1980 年代人们拥护改革的社会共识。在第二个时段，根据客观事实计算的基尼系数仍趋于上升，说明收入分配的不公平程度在 1990 年代的基础上继续扩大，但社会公众对弱势群体的关注和平等诉求亦随之增强，在社会风险与社会正义之间产生了一种微妙的平衡，社会主流的价值判断再度倾向公平一方。

在 1990 年代，一些学者把"效率与公平的矛盾"视为解决经济转型问题的金科玉律。他们认为，为了提高效率，必须忍受更大程度的不平等，牺牲公平以换取效率。在他们看来。决定收入分配差异的是四种差别：个人天赋能力的差别、后天努力的差别、纯粹运气作用的差别，以及其他一切合法和合理的差别。他们完全抛弃了活生生的市场经济环境和五味俱全的社会生活，把个人置身于弱肉强食的丛林环境中，由少数人充当捕食者，多数人被当作猎物，只要由捕食者制定了"法"与"理"，多数人的牺牲就可以换取"经济效率"。这只不过是他们一厢情愿的"个人选择排序"而已。在这里，我们仅考察他们的理论平台。他们的理论是建立在功利主义的社会福利函数（加法型社会福利函数）基础上的，其形式为：$W(x) = U_A(x) + U_B(x)$，其特点是直线型社会无差异曲线，社会福利的大小只取决于社会成员的效用总和，而与其分配无关。如果一定要把不同分配方案强加于直线函数之上，据他们分析，有75%的置信概率可以保证，随效率的提高，收入分配状态会恶化。他们的结论是，效率与公平就像鱼和熊掌一样不可兼得。所谓"效率"，在最一般意义上是指用现有的生产资源为人们提供最大可能的福利，于是才出现了对帕累托最优境界的期待。那么，这些学者眼中的"效率"是什么？"提高经济的效率意味着增加产出的数量。"于是，才有他们的中心议题："在决定收入分配的问题上，首先要考虑效率，把效率当作决定收入分配的第一位的因素。经济效率高，所得到的收入也高；反之，经济效率低，所得到的收入也低。"对此，我们引用森的一个评论："旧福利经济学的主导信念——功利主义过于关心福利总和而无法关注到分配问题，其结果必是强烈的反平等主义的。若以此来测量和评价不平等，它并不会有什么建树。"①

三 中国经济增长进程中的收入不平等

穆勒认为，社会经济的进步，即为经济增长，表现为社会支配自然能力的增加，人身与财产安全和自由支配权的增加，以及各种形式的合作能力的增加。他把经济增长的三大要素（人口增加、资本增加、技术进步）分别进行组合，来考察经济增长对分配的各种影响，在斯密对未来的乐观憧憬与马尔萨斯对未来的悲观预测之间保持着微妙的平衡。在这一点上，穆勒是第一个认识到人们不可能准确预测经济发展长期趋势，其最终结果应当由各

---

① 阿马蒂亚·森：《论经济不平等：不平等之再考察》，社会科学文献出版社，2006，第20页。

种不同力量互相制约来决定的经济学家。

当我们考察中国的国民收入增长和收入分配状况时，也碰到了类似的情况。2007 年，OECD 的学者安格斯·麦迪森在《中国经济的长期表现》一书中提出了一项乐观的预测：在 2003～2030 年期间，按 PPP 美元计算，如果中国以 4.98%的年均增长率增长，美国以 2.56%的年均增长率增长，两国的 GDP 总量到 2015 年，中国将超过美国，为美国的 1.07 倍，到 2030 年，将为美国的 1.38 倍，在人均 GDP 方面，按 PPP 美元计算，如果中国、西欧、美国分别按 4.5%、1.7%、1.7%的年均增长率增长，到 2030 年，中国的人均 GDP 将为西欧的 50.2%，美国的 34.4%。麦迪森指出，在 1978～2003 年间，世界经济的增长速度大大放慢了，美国、日本和其他先进资本主义国家 TFP 增长速度的急剧下降致使其 GDP 增长率放慢。不仅是推动技术前进的进步过程已经放慢，而且因为这些国家已经大大接近技术前沿，所以继续高速增长的潜力已所剩无几。他认为，先进资本主义国家增长速度的放慢在预料之中，而中国和众多亚洲国家在未来出现加速增长是可以理解的。中国仍然是一个非常具有活力的经济体，它的这种活力将会是世界经济的一个主要动力，它会抵消先进资本主义国家在世界经济中相对下降的作用。

麦迪森认为，"中国在 1978 年至 2003 年间实现了人均收入每年 6.6%的增长速度，这个速度超过了所有其他亚洲国家，而且大大快于美国和西欧 1.8%的增长速度，相当于世界平均水平的 4 倍。"[①]但是假定未来的增长仍保持每年 6.6%是不现实的，随着逐渐接近世界技术前沿，中国增长的步伐也会放慢，他假定在 2003～2020 年间为 4.6%，2020～2030 年间为 3.6%。到 2030 年，中国的人均

---

① 安格斯·麦迪森：《中国经济的长期表现：公元 960－2030 年》，上海人民出版社，2008，第 97 页。

收入水平会达到西欧 1990 年的水平，或日本 1986 年的水平。即使到 2030 年后，世界技术前沿也还会进一步外移，所以中国仍然存在一些追赶的余地。

尽管麦迪森自称其预测属于"最谨慎的预测"，但对于中国而言，其预测结果的含义是双重的：一是 2014～2030 年，中国如果保持麦迪森预测的经济增长速度，经济总量将从现在的世界第二位上升到第一位；二是到 2030 年时，中国的人均 GDP（按 1990 年 PPP 元）为 15763 国际元，与世界主要国家和地区的历史水平相比，仅达到美国 58 年前的水平、西欧 40 年前的水平、日本 44 年前的水平。麦迪森还指出，如果中国希望其经济增长可以持续，它必须面对不断扩大的收入差距、地区发展失衡、人口老龄化、自然资源环境约束等一系列挑战，如果克服了这些困难，中国就可以保证未来人民生活的繁荣和福利。

在改革开放之前，企业的经营活动严格按照中央制定的计划执行，企业缺乏经济自主权，企业经营缺乏效率与活力。在收入分配领域遵循平均主义原则，但这种平均主义是建立在低收入水平上的，可以称之为"低水平的收入平等"，这一阶段中国的居民收入差距处于较为合理的区间。改革开放之后，随着市场经济体制改革的深入，企业获得了经营自主权，国有企业进行改制重组，建立了现代企业制度，民营企业得到长足发展，市场化程度不断提高。在这一过程中企业和个人参与经济活动的积极性得到释放，市场参与者的效率得到极大提升，经济总量不断增加的同时居民收入水平也在不断提高。但在允许"一部分人先富起来"的改革背景下，居民的收入水平也开始产生分化，城乡、区域和行业间的收入差距逐步扩大，城镇居民和农村人口内部的收入水平差异也逐渐拉大，中国的收入分配领域也由相对平等向不平等转化。按照世界银行测算的数据（见图 4-1），中国的基尼系数自 20 世纪 80

年代以来不断提高，由 1981 年的 0.291 扩大为 2010 年的 0.421，[①]中国由收入较平等的国家转变为收入分配差距较大的国家。[②] 中国国家统计局公布的基尼系数数据也反映中国现阶段的居民收入差距处于较大区间内，具体为 2003 年至 2008 年，中国基尼系数分别为 0.479、0.473、0.485、0.487、0.484 和 0.491。随后，自 2009 年开始逐年回落，分别为：2009 年 0.490，2010 年 0.481，2011 年 0.477，2012 年 0.474，2013 年 0.473，2014 年 0.469。虽然收入差距有缩小的趋势，但还处于 0.4 的水平以上。在国际机构和政府统计部门公布基尼系数的同时，国内的一些研究机构也对中国的收入差距水平进行了调查和测算，比如西南财经大学中国家庭金融调查公布的 2010 年中国家庭的基尼系数为 0.61，城镇家庭内部的基尼系数为 0.56，农村家庭内部的基尼系数为 0.60。北京大学中国家庭动态跟踪调查显示 2012 年中国的基尼系数为 0.49。北京大学中国社会科学调查中心发布的《中国民生发展报告 2014》指出中国的财产不平等程度在迅速升高：1995 年我国财产的基尼系数为 0.45，2002 年为 0.55，2012 年我国家庭净财产的基尼系数达到 0.73，顶端 1% 的家庭占有全国 1/3 以上的财产，底端 25% 的家庭拥有的财产总量仅在 1% 左右。虽然不同的机构和学者对中国的收入差距水平的衡量存在差异，并且对于数据来源、样本容量、调查方法、统计口径和基尼系数的计算结果存在争议和分歧，但是大部分学者都认同现阶段中国的收入差距较大，分配领域存在较大程度的不平等这一事实。

我国城镇和农村的高收入群体和低收入群体的平均收入变化

---

① 数据来源：世界银行：《世界发展指标》1963~2014。

② 按照国际标准，基尼系数低于 0.2，收入分配绝对平均；基尼系数在 0.2~0.3 之间，收入分配比较平均；基尼系数在 0.3~0.4 之间，收入分配相对合理；基尼系数在 0.4~0.5 之间，收入分配差距较大；基尼系数在 0.5 以上，收入分配差距悬殊。

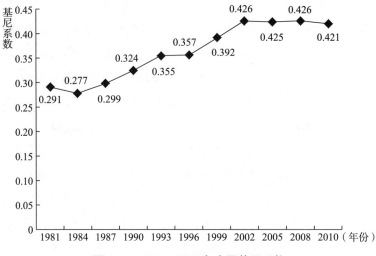

图 4 - 1　1981 ~ 2010 年中国基尼系数

资料来源：世界银行：《世界发展指标》1963 ~ 2014。

趋势也体现了城镇和农村内部的收入分化，这也在一定程度上导致了居民收入差距的扩大。从图 4 - 2 中可以看出，我国高收入群体的收入水平远高于低收入群体的收入水平，城镇居民最高收入户（10%）的人均总收入 2012 年为 69877.3 元，最低收入户（10%）的人均总收入为 9209.5 元，最高收入户人均水平是最低收入户的7.6 倍。农村居民高收入户的人均纯收入 2012 年为 19008.9 元，低收入户的人均纯收入为 2316.2 元，高收入户人均水平是低收入户的 8.2 倍。2002 ~ 2012 年，城镇居民高收入群体的人均收入平均增速为 13.2%，低收入群体的人均收入平均增速为 13.8%。农村居民高收入户人均纯收入的平均增速为 12.4%，低收入户人均纯收入的平均增速为 10.5%，城镇和农村的高收入群体与低收入群体的收入差距不断扩大。世界银行的数据（图 4 - 3）也同样反映了中国高收入群体的收入远高于低收入群体的收入，1981 年收入最高 10% 的群体占有的收入份额为 22.86%，是收入最低 10% 的群体占有的收入份额 3.72% 的 6.1 倍。2010 年最高 10% 占有的收入份额提高到

29.98%，是最低 10% 占有的收入份额 1.69% 的 17.7 倍，最高收入人群与最低收入人群的收入份额占比差距明显拉大。①

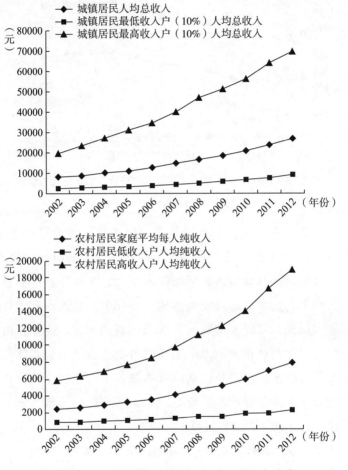

图 4 - 2 2002~2012 年中国城镇和农村居民人均收入

资料来源：中国国家统计局：《中国统计年鉴》（2003~2013），中国统计出版社，2003~2013 年。

① 1981 年最高 20% 人群占有的收入份额为 37.94%，是最低 20% 人群占有的收入份额 8.68% 的 4.4 倍。2010 年最高 20% 占有的收入份额为 47.09%，是最低 20% 占有的收入份额 4.67% 的 10.1 倍。

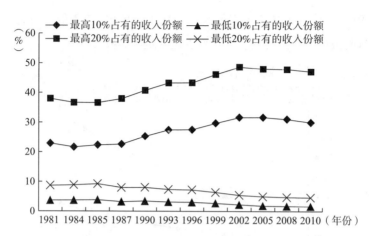

图 4 - 3　1981 ~ 2010 年中国高收入和低收入群体的收入份额

资料来源：世界银行：《世界发展指标》1963 ~ 2014。

由于高收入人群收入水平较高，在扣除基本消费开支之后，可以有较大部分收入以储蓄的形式留存下来，进而转化为投资，获得投资回报。而低收入人群则收入较低，在扣除基本消费开支之后所剩无几，难以通过储蓄形成资本积累。富人占有了社会财富的较大份额，可以依靠资本投入获得高额回报，而穷人由于财产较少，只能通过在劳动力市场提供劳动力获得回报。托马斯·皮凯蒂分析指出，在较长时期内资本收益率高于经济增长率，这一差别带来了收入的分化，扩大了收入不平等，[①] 也成为富人收入增长快于穷人的一种合理解释。

劳伦·勃兰特和托马斯·罗斯基及其学术团队，在被称为"里程碑式"作品的专著中，[②] 就增长趋势而言，认为中国在 2005 ~ 2015、2015 ~ 2025 年间，GDP 将会以 6% ~ 8%、5% ~ 7% 的年均增长率持续增长。对收入分配，他们提出了与传统观念相异的结

---

① 托马斯·皮凯蒂：《21 世纪资本论》，中信出版社，2014，第 26 ~ 27 页。

② 劳伦·勃兰特、托马斯·罗斯基：《伟大的中国经济转型》，上海人民出版社，2009。

论：地区差别和城乡差别对收入分配不平等的影响要小于个别家庭收入差异的影响，"至少一半甚至三分之二对不平等的估计是源于'邻居间'的收入差异"。[①] 对于收入、不平等和贫困，诺顿指出：中国的收入增长很快，但不平等程度也在迅速加剧。收入的增长不仅使中国减少了贫困和风险，也增加了消费和休闲，这种增长带来的收益在人口中的分配并不平等。中国的情况正好反映出在收入增长、不平等以及贫困之间存在的复杂关系。中国社会富裕人口增加了，贫困人口减少了，但不平等却加剧了。他重申了中国国内一个广受认可的观点：社会与以前相比更加不平等了，与本该达到的情况相比更加不公平了。通过对 1980～2002 年基尼系数演变的分析，他指出："我们也许很难再找到任何一个收入分配恶化如此严重，而且恶化速度如此迅速的社会了。"[②] "在 20 年的时间里，中国已经从一个像日本那样平等的最平均主义的社会，发展为比美国更为不平等的社会了。"[③] 他认为，中国面临的问题是如何把经济增长带来的好处，尽可能广泛地传递给社会，如果经济增长能够增进人民的福利，未来的经济增长还会更好地持续到下一阶段。

在总结了多国的统计分析和典型案例之后，阿马蒂亚·森指出：经济增长与社会平等之间关系的关键问题是，经济增长对社会平等的影响，在很大程度上取决于经济增长的成果是如何被使用的。他认为，高速经济增长的成果可以通过"增长引发"机制（growth-mediated）和"扶持导致"机制（support-led）来发挥作用，从而创造社会福利，体现社会平等。前者是在实现充分就业的增长过程中，

---

① 劳伦·勃兰特、托马斯·罗斯基：《伟大的中国经济转型》，上海人民出版社，2009，第 625 页。
② 巴里·诺顿：《中国经济：转型与增长》，上海人民出版社，2010，第 193 页。
③ 巴里·诺顿：《中国经济：转型与增长》，上海人民出版社，2010，第 193 页。

利用增长带来的经济繁荣去扩展有关的社会服务。后者可以不依赖高速经济增长，通过精心策划的医疗保健、教育等扶助项目及其他有关的社会安排起作用。对此，森提出了引人深思的见解："增长引发"具有优越性，可以非常直接地影响收入分配，使经济繁荣和改善生活质量趋于同步前进。而"扶持导致"的可行性在于相对成本的变化，因为有关的社会服务（诸如保健和教育）是劳动密集程度极高的，因此在贫穷—低工资经济中是相对便宜的。与富国相比，一个贫穷的经济只需要较少的钱就能提供富国要花多得多的钱才能提供的服务。一个国家不必等到先"富裕起来"，才开始改善不平等状况，因而"扶持导致"具有很重要的政策意义。①

至此，中国在经济增长、不平等和贫困之间的纠结，构成了一个明晰的问题：中国社会富裕人口增加了，贫困人口减少了，但不平等却加剧了。② 不平等状况恶化是中国重要的经济增长与发展问题，现阶段缓解不平等的有利条件是：（1）虽然受 2008 年金融危机影响，但多方面的预测表明，中国自 2010 年后由高速增长通道进入适度增长通道之后，在未来一个长时段中，仍然可以保持一个高于经济先发国家的稳定增长态势。持续的经济增长将带来产出的增长和人均收入水平的提高，"蛋糕"的不断做大能为缓解收入不平等提供有利的条件。（2）社会公众对弱势群体和不平等恶化的关注程度上升，缓解收入不平等符合社会道德取向。（3）从 2008～2010 年的危机管理模式转向长期经济增长管理模式之后，中国开始推进以增长模式转型为契机的经济社会改革，其中就包括缩小区域差距、实现城乡统筹发展、完善社会保障体系、破除垄断和完善收入分配领域的改革等内容，这些改革的推进也能有效缓解收入

① 阿马蒂亚·森：《以自由看待发展》，中国人民大学出版社，2002，第35～39页。

② 巴里·诺顿：《中国经济：转型与增长》，上海人民出版社，2010，第185页。

不平等程度；（4）不平等的改善进入机遇的"窗口期"。而存在的不利条件是：（1）从 1980 年代"不吃大锅饭""打破铁饭碗"成为社会选择之后，发财致富成为一种可预期的理性行为，中国从最初的比较平等状态转为不平等恶化状态。如今要再度向公平状态回归，面临很多困难，因为中国是通过社会革命来实现 1949 年之后的初始平等状态的，而未来可能是一条渐进改革的漫长之路。（2）在任何一个国家，能够精确度量贫困、不平等和幸福程度的数据，都很难得到。由于就业机会和收入变动的不确定性，人们对于不平等状况的理解和认知也具有不确定性和难以预测性。对不平等和贫困问题缺乏精准的认知，可能导致制定的改革措施不能取得预期的效果，政策失灵还可能对市场机制的正常运行带来不利影响。

四 公平与效率协调的实现

巴里·诺顿在其著作中指出，在一个很长的时间内达到人均 GDP 年增长率 6% 以上的增长水平并非前所未有的事情，但在世界范围内也只在三个较短的时期内发生过这样的事情，而这三次都发生在东亚。第一次是从 1955 年到 1973 年，日本带头在 18 年内每年达到了人均 GDP 增长 8% 的水平。第二次是从 1982 年到 1994 年的 12 年里，几个东亚经济体以极高的速度增长，按人均 GDP 的年均增长率，韩国是 7.4%，台湾是 7.1%，泰国为 6.8%。第三次则是自 1978 年以来的中国，中国当代经济的增长代表了第三次东亚增长浪潮。经过校正后的数据是，从 1978 年到 2005 年的 27 年中，中国人均 GDP 的年增长率为 7%。这一数字仍然是人类历史上经济快速增长最为持久的时期。据诺顿预测，在未来 20 年中，中国的经济增长浪潮仍将持续走强。中国的经济增长是独一无二的增长，因为它比前面两次增长影响了更多的人口，显著地提升了超过 13 亿人口的福利水平，从某种意义上讲体现了"最大多数人的最大幸福"的追求，因而也提升了中国在全球化竞争中的国家形象和福利贡献。

在改革开放过程中，中国广泛吸纳了来自外部的文化和经济资源，也在向外部投射自己的文化和经济资源。在经济学领域，经济增长理论、经济发展理论和现代福利经济理论，先后对中国的理论探索、经济实践和政策选择产生了积极和深远的影响。中国改革的初始目标是计划经济体制向市场经济体制的转型，也就是由计划化的资源配置向市场化的资源配置转变。其间，通过要素的释放和流动，通过产业结构升级和技术进步，通过中央政府和地方政府多层次、多方位的发展战略安排，实现了人类历史上最为持久的快速增长历程。经济增长和发展过程大体上可以被看作"器物"的生产、使用问题，主要表现为包括劳动者在内的物质资源在时间上和空间上的运动。而市场化过程或者按市场配置资源的过程，可以被看作"规划"的制定、实施和监督问题，主要表现为信息在终端间的流动和交易的达成。就两个过程的性质而言，前者是建设问题，后者是改革问题，当中国经济进入市场经济运行轨道之后，需要进一步解决一般均衡条件下的帕累托改进问题，它不是以牺牲一部分人的利益为代价来换取另一部分人之福利增进的非帕累托改进，而是谋求增进全体社会成员福利水平的强帕累托改进或者是在不损坏其他人的利益条件下使一些人的福利获得改善的弱帕累托改进。在当下多元化利益相互纠结、社会风险趋于紧张之际，人们纷纷寻求一种协调利益冲突的"最大公约数"，那么，"最大多数人的最大幸福"未尝不是一个"好的"选择。西方学者把边沁的这一主张与中国古代哲学家墨子的思想相提并论，那就是"兴天下之利，除天下之害"。关键之点是，如果一个人的追求同时也符合大多数人的普遍利益，那么这对他自己也是最为有利的。边沁的主张可以作为一个社会公理，任何一项社会安排都应该放在这个尺度之下。因此，在中国的历史情境下，相对于种种背离公平竞争的非市场行为和外部不经济，校正或者纠偏的举措，就是一个"兴利除害"的过程，也就是一个改革过程。这一过程除了经济效率的考量之外，还依赖于一个代表公平、正义的社会价值观的道德支撑。中国在进一步深化改革的进程中，可以通过以下措施来实现公平与效率的协调。

1. 转变政府职能，充分发挥政府的作用。库兹涅茨（1981）在讨论政府日益增长的重要性时指出：（1）现代经济增长更为强调国家主权单位中组织的重要性及对它的需求。（2）国家主权单位作为进行经济活动所遵循的规则的制定者，作为一个裁判，以及作为基础设施的提供者，是极为重要的。这一观点，仍然对中国的经济增长（发展）具有指导意义。中国在经历了30年的高速增长后，若要在未来将经济增长速度维持在较高的水平，进一步深化改革，有效发挥市场的资源配置功能，实现经济结构的升级和增长模式的转型，政府应起到重要作用。为有效发挥政府的作用，我们需要通过改革减少政府对市场的行政干预、行政保护和权力寻租行为，明确政府的两个经济职能：（1）在市场竞争中的"裁判"职能；（2）社会福利的再分配职能和公共物品供给者的职能。

2. 在经济增长中，强化经济效率观念，要防止和减小GDP最大化带来的福利损失和社会成本。例如：（1）环境污染造成的福利损失；（2）生产市场与消费市场失衡造成的产能、产品过剩；（3）为了达到GDP增长目标，急功近利造成的无效率和资源损毁。

3. 充分发挥家庭、市场和国家的分配职能，完善收入再分配。在市场经济中，存在三种分配的组织机制：家庭、市场和国家。在中国的分配领域，家庭、市场和国家这三种机制是通过以下方式履行其分配职能的。（1）在中国，成年人向子女和老人的资源转移是由家庭来实施的。(2)由市场实现的分配中,除了按要素价格进行的分配之外,国有垄断企业和部门,还承担了部分再分配职能。① 而更广大的非正规企业和部门,却缺乏这种附加于工资的或隐性的安排,由此造成了收入分配上的悬殊差异。(3)国家的资源分配倾向于基础性公共设施、城市开发和政府消费,在公办教育、公共医疗、全社会的养老金计划等的资源分配上则存在较大缺口。随着中国人口结构的变化和收入分配领域改革的深化,有必要在收入再分配中充分发挥家庭、市场和国家的作用,通过合理的制度安排,实现家庭、市场和国家再分配的有机结合。

4. 建立统一的城市劳动力市场,撤除对垄断行业(企业)在财政、金融方面的过度保护,消除垄断行业(企业)的福利壁垒,加强对非正规部门的支持和公平待遇,建立统一的薪酬福利制度,提高劳动力市场的流动性和竞争性。

5. 建立三层社会福利保障及风险防范防线:(1)劳动力(在业人口)的福利保障制度;(2)边际生产率为零的人口的福利保障制度;(3)防范突发性灾难(自然灾难、经济灾难、社会灾难)的风险保障制度。

小结

现代经济理论的核心问题之一是如何通过有效的资源配置,实现经济效率的提高,为研究效率问题,很多研究者把公平问题放到一边。但是现实世界的客观事实要求我们考虑效率与公平之间的平衡,在提升效率过程中实现公平,在追求公平过程中兼顾效率。福利经济学认为达到帕累托最优时可以实现公平与效率的

---

① 如养老金、医疗、教育、住房的福利安排。

平衡，但由于人际相异性等的影响，对帕累托最优的选择结果，存在剥夺一些人的"最小自由"的情况，效率与公平存在不协调。考虑到公平与效率之间的复杂关系，为获得效率可能会有失公平，为实现公平可能会带来效率的损失，包容性增长所包含的机会均等内涵对效率和公平的兼顾就显得更有价值。包容性增长对效率与公平的兼顾体现在以下几个方面：（1）包容性增长的机会均等拓展了社会大众的"实质性自由"，提高了社会各阶层参与经济增长的程度和效率，在投入方面，人力资本的积累有利于生产效率的提高，实现长期经济增长；在需求方面，低收入阶层收入的改善有助于有效需求的扩大，拉动经济增长。供给和需求层面的改善，能为经济增长提供有力支撑，实现持续经济增长，体现效率原则。（2）包容性增长在教育、就业、卫生健康和社会保障等方面机会均等的实现能有效提高社会各阶层（特别是弱势群体）的能力—收入转化能力，有利于改善低收入阶层的收入水平，缩小收入差距，而且包容性增长对收入不平等问题的解决不同于以往的强调再分配的改革，通过转移支付帮扶低收入群体的政策安排导向，其既重视在初次分配领域通过提升低收入阶层的能力，充分发挥人力资本潜能，通过劳动力市场交换，获得收入的提升，又强调在社会保障体制方面进行改革，完善再分配政策，以有限的资源投入带来较好的扶助效果，避免了效率与公平权衡带来的两难困境。（3）包容性增长摒弃了发展中国家不平等问题的解决要静待持续经济增长所导致的"库兹涅茨转折点"出现的观点，认为恰当的增长模式可以实现效率与公平的兼顾，在实现持续增长的同时，缩小社会不平等，形成较高的增长速度和相对平等的社会环境。

第五章　包容性增长视角下的教育机会均等

在包容性增长视角下，个人可行能力的拓展能协调公平与效率，而个人可行能力拓展的一个重要影响因素就是机会。要拓展社会各阶层人群的可行能力，在实现效率的同时兼顾公平，机会均等就成为一种合理的选择。本章重点研究机会均等中教育机会均等的含义、实现条件和教育机会均等与经济增长的关系，包括以下内容：一是机会均等的含义和构成要素，指明机会均等包括参与经济增长的机会均等和分享经济增长成果的机会均等；二是教育机会均等的含义和实现条件，及关于教育机会均等的争议；三是基于教育与人力资本、教育与经济增长之间联系的分析，阐明教育机会均等对推进经济增长的作用。

第一节　机会均等

一国在经济增长的过程中，难免面临效率与公平的抉择。有些学者主张效率优先，公平的问题留待以后考虑，随着经济增长的持续，收入差距将趋于缩小（库兹涅茨假说）。有些学者认为在追求效率最大化的过程中，要充分考虑公平问题。在满足效率的同时，有效的制度安排，不但可以保证公平的实现，也有利于效率的提高。因为，不平等导致的收入分化会对人力资本积累、政府再分配政策和社会政治稳定性产生不利影响，进而会影响经济增长。① 基于福利经济学的视角，提高一国国民的福利水平是经济增长的主要目标之一，而一国的公平程度必然会影响国民的福利水平。不论是出于社会道德关怀，还是出于增进福利的考虑，公平问题是一国在选择发展道路和政策安排时不可避免要面对的问题。公平的对立面即是不平等，在人类的发展历程中，关于不平等对发展的影响存在不同的看法，其中部分研究者认为不平等会阻碍发展的实现和持续，比如历史学家埃里克·琼斯认为一些社会中权力的极端不平等致使经济缺乏持续稳定的发展环境，而一条走出贫困脱离疾病的道路也就此被切断，一国难以实现持续的增长。② 经济历史学家斯坦利·恩格尔曼和肯尼斯·索科洛夫提出了另一种解释，他们认为在权力集中在少数人的国家③（社会不平等）中，富人都会反对大众的解放，同时将受教育的权利限制在他们自己所属的精英群体中。这样就使大众得不到政治权利以及受教育的权利，因此也就无法为广泛的经济增长创造出相应的机制。与此形成鲜明对比的是，美国较早地开展了具有普遍性的公共教育，而这正是美国经济能够长期增长的一个重要原因。④ 部分学者对经济发展历史的研究指出了不平等对经济增长和人类发展的负面作用，这也说明对公平问题的重视一定程度上基于对公平在持续增长中起到良性作用的认识。公平一词包括两个方面的含

---

① 戴维·N. 韦尔：《经济增长》（第二版），中国人民大学出版社，2011，第307~317页。

② 安格斯·迪顿：《逃离不平等：健康、财富及不平等的起源》，中信出版社，2014，第176~177页。

③ 如在种植园经济中的典型国家例如拉美国家或者相对于美国北部而言的美国南部。

④ 安格斯·迪顿：《逃离不平等：健康、财富及不平等的起源》，中信出版社，2014，第177页。

义：机会公平和结果公平。为实现效率和公平的统一，一国的增长路径选择和政策安排就要考虑是保证机会公平，还是实现结果的公平。出于对效率的考虑，一国为了实现结果公平（收入分配公平），可能会带来效率的损失，并导致经济增长率低于潜在的水平。阿瑟·奥肯认为，更公平的收入分配不仅会降低工作和投资的动力，而且收入重新分配（通过诸如税法和最低工资之类的机制）自身的成本会十分高昂。奥肯把这些机制比作"漏水的桶"：从富人转移到穷人的一些资源将会在转移中消失，因此穷人不会得到从富人那里转移出来的全部金钱。① 导致这一结果的原因有二：其一是行政成本使然；其二是纳税人和资源转移接受方的工作积极性均受到了抑制。因此，机会公平显然比结果公平更为重要。机会公平能为社会各阶层提供充分有效地参与经济增长的机会，能充分发挥人力资本的作用，进而提高潜在的经济增长率，也有利于社会稳定。阿瑟·奥肯指出："大部分对不平等来源的关注反映出一种信念：源于机会不均等的经济不平等，比机会均等时出现的经济不平等，更加令人不能忍受（同时，也更可以补救）。"② 在机会公平的基础上，结果的不平等就只能反映个人努力程度的差异，这种不平等可以被认为是"良性不平等"（Chaudhuri and Ravallion，2007），而且"更大的机会均等会带来更大的收入平等"。③ 进一步来看，"即使完全撇开对于收入平等和效率的作用，机会均等本身也是一种价值"，④ 下文就机会均等⑤的含义、构成要素等内容展开分析。

---

① 阿瑟·奥肯：《平等与效率——重大的抉择》，华夏出版社，1987，第 82 ~ 83 页。
② 阿瑟·奥肯：《平等与效率——重大的抉择》，华夏出版社，1987，第 68 页。
③ 阿瑟·奥肯：《平等与效率——重大的抉择》，华夏出版社，1987，第 74 页。
④ 阿瑟·奥肯：《平等与效率——重大的抉择》，华夏出版社，1987，第 74 页。
⑤ 本书的分析中用到了机会公平、机会平等和机会均等这三个词，三个词的含义相近，在文中未做特别说明时，这三个词是一个概念，可以混用。

一　机会均等的含义

机会（opportunity）意指个体参与社会活动的可能性。基于社会道德的选择和社会各阶层应充分享有社会发展所提供的机会，在不考虑个人努力的差异和运气等因素的前提下，社会发展过程中提供的机会应对所有人开放，社会各阶层都应有同样的机会参与经济活动并获得同样的经济结果。因此，机会均等成为一种社会选择。机会含义的复杂性，也导致衡量机会平等成为一种困难。如果从经济层面来考量，机会均等涵盖了出生环境、营养状况、教育机会和就业机会等方面的机会均等，一个国家或社会要完全实现这些领域的机会均等存在很多的制约条件和现实困境，但在理论层面探讨如何实现这些领域的机会均等，有效提高社会各阶层参与经济活动的效率，充分发挥人力资本潜力，使经济发展的机会分润到社会各阶层，提升国民的整体福利，既有利于经济效率的提高，也有利于社会公平的实现。

二　机会均等的构成要素

关于包容性增长的准确定义和内涵学界至今未形成共识，各国学者对包容性增长的界定涉及收入平等、教育机会均等、就业政策和社会保障体系等各方面。但包容性增长是一种社会各阶层都参与的共享式增长，机会均等作为其核心内容在现有研究中都有体现。笔者认为包容性增长作为一种经济增长模式，重视参与经济增长的机会和分享经济增长成果的机会这两方面的平等，包容性增长范畴下的机会均等的核心是参与经济增长的机会均等和分享经济增长成果的机会均等。

包容性增长作为一种增长模式，比较强调在经济增长的同时，实现经济发展。即经济增长除了实现一国或地区经济总量增长的目标外，还应在人力资本积累、国民生活水平、国民受教育水平、社会保障体系和基础设施建设等方面取得进步，不断提高一国的整体综合实力和国民福利水平。而要实现经济增长的包容，社会大众获得充分参与经济增长的机会就成为一个不可或缺的条件。社会各阶层参与经济增长的机会均等的重要性，主要体现在以下几个方面：（1）提高一国或地区的人力资源水平，推动经济的持续增长。要实现社会各阶层获得平等参与经济增长的机会，就需要在教育、公共卫生和就业等方面做出合理的制度安排，使社会全体民众都享有公平的社会公共服务。这些领域服务的均等化，有利于社会全体成员身体素质和受教育程度的提升，提高人力资源的水平。而就业机会的均等又能实现社会全体成员充分参与经济活动，在经济活动中更加积极地发挥人力资本的效率，进而推进经济增长效率的提高。（2）提高国民的福利水平，有利于社会的稳定。在实现参与经济增长机会均等的基础上，社会大众可以有效地参与经济活动，进而分享经济增长带来的利益，体现在收入水平的提升、人力资本的积累和个人福利的改善等方面。这种人人参与的经济增长，再辅之以确保经济增长成果在社会各阶层中公平分享的社会机制，必然能有效增进社会全体成员的个人福利。经济活动全体参与者个人福利水平的提高，这样一种强帕累托改进能够实现社会整体福利水平的提高，又由于增长的成果惠及社会大众，必然有利于社会稳定，从而为经济的持续增长提供稳定的社会环境。（3）有利于社会共识的形成，为持续经济增长提供动力。社会所有成员都能充分参与经济活动，通过个人努力在经济活动中获得回报，公平地分享经济增长的成果，这必然有利于社会共识的形成。如果经济增长只是少数人参与，少数人获益，[①] 必然会影响社会大众对经济增长

---

① 少数人参与并获得经济增长的收益，未获益人群可能面临两种结果：个人福利水平不变和个人福利水平下降，前一种情况是一种弱帕累托改进，后一种情况是非帕累托改进。

的认可，可能会导致失利（或未获利）人群对经济增长的排斥，不利于经济增长的可持续性。社会大众广泛参与经济活动且公平地分享经济增长成果导致的强帕累托改进而形成的社会共识，能提高社会全体成员对经济增长的认可和支持，既有利于社会稳定的实现，又能为长期的持续经济增长提供动力。

在实现参与经济增长机会均等的基础上，分享经济增长成果的机会均等必然成为一种合理的预期。按照马克思的观点，提供同质同量的劳动应该获得同等的收入，这是按劳分配的核心之一。在参与机会均等的条件下，实现分享经济增长的结果领域的机会均等，一方面可以更进一步地推进参与经济增长的机会均等，另一方面能更好地实现社会公平，使增长成果惠及大众，形成一种良性循环，实现效率和公平的有效兼顾。

三　参与经济增长的机会均等

机会均等作为包容性增长的核心内容，其能够实现的一个重要前提就是参与经济增长的机会均等，使社会各阶层都可以有效参与经济增长的过程，通过参与机会的均等化，有效实现效率与公平的兼顾。参与经济活动的机会，主要取决于个体的人力资本水平、初始资产、身体健康状况和获取工作机会的能力等方面。总括来看，参与经济增长的机会均等，需要在以下方面通过合理的制度安排实现。

（一）教育机会的均等

以往的经验研究表明，个人受教育程度的水平会影响其参与经济活动的机会和收益状况。随着经济水平和专业化程度的提高，受教育程度较高的个人由于具有较高的人力资本，可以在市场中获得较好的工作机会和较高的工资收入，较高的收入水平又使其可以进一步加大个人的人力资本投资和对子女教育的投入，实现人力资本水平的良性循环；与此相对应，受教育程度较低的个人由于人力资本水平的限制，在市场中难以获得较好的工作机会①和较高的工资收入，较低的收入水平会制约其人力资本投资的水平，影响个体本身人力资本水平的进一步提高和子女的教育投入，导致其有可能陷入人力资本水平的恶性循环。因此，在包容性增长视角下，一国或地区有必要推进教育机会的公平，为社会各阶层提供充分的教育机会（尤其是社会弱势群体），提高各阶层的人力资本水平，使各阶层人群充分参与经济活动，提高经济增长水平。结合国内外学者的相关研究，本书认为包容性增长范畴下发展中国家实现教育机会均等主要依赖于教育资源分布的均衡、基础教育的全面覆盖和入学机会均等这三个方面，要通过以上途径提高教育机会的公平程度，需要充分发挥政府和市场的作用。

（二）就业机会的均等

就业作为社会公众参与经济过程、通过提供劳动力获得收入的主要形式，一直是经济学者和政策制定者关注的热点。一国或地区劳动力的就业程度往往是衡量某一经济体经济活跃程度的重要指标，为了实现经济的长期增长和宏观经济的稳定，一国政府总在寻求如何实现充分就业，使增长率逼近潜在的增长水平。同时，劳动力通过在要素市场的交易，以提供劳动的形式获得收入，收入可在商品交易市场转化为需求。另外，劳动力的充分就业也有利于社会稳定，高企的失业率往往会带来政党频繁交替、社会动荡等结果，对经济体的长期稳定增长会产生一定的负面影响。为实现社会各阶层有效充分地参与经济增长，发挥人力资本的最大效果，有必要通过提高就业领域的机会均等程度来提升经济增长的包容性。可以通过提供广泛充分的就业机会、提高劳动力要

---

① 在部分发展中国家，受教育程度低的人群可能面临缺乏工作机会的困境，即使获得工作机会，也往往是在工资水平较低和福利待遇较差的非正规部门就业。

素市场的流动性和缩小行业收入差异等途径实现就业机会的均等。

（三）公共卫生方面的机会均等

劳动力参与经济活动的机会和效率受到教育机会和就业机会的制约，但即使在教育领域和就业领域实现了机会均等，劳动力参与经济活动的程度和效果还是会受到劳动力身体健康程度的影响，进而反映在劳动力收入水平的差异上。贫困人群由于收入水平的制约，难以获得较好的卫生医疗服务和营养条件，导致身体状况较差，在参与经济活动过程中，难以发挥出最大的劳动力潜力，这对其参与经济活动的机会和从要素市场获得报酬的能力会产生不利影响，不利于劳动力生产力的有效利用。因此，包容性增长的实现需要在公共卫生领域推进机会均等，通过提高基础医疗服务的水平、改善环境卫生条件和完善医疗保障等措施，使社会各阶层获得同等的公共卫生条件，特别是为贫困人口提供基本的公共卫生条件。

四 分享经济增长成果的机会均等

分享经济增长成果的机会均等主要体现为收入方面的机会均等，尽可能减少机会不平等对收入分配的影响。凯恩斯学派认为收入均等可以增加中低收入者的收入水平。而中低收入者较高收入者有更高的边际消费倾向，收入的均等化能增加居民消费，从而提高有效需求，进而使经济增长逼近潜在的真实增长率。收入均等与其说是出于社会公平的选择，不如说是一种解决宏观经济失衡的手段。笔者认为，包容性增长视角下的收入均等，除了对有效需求有影响之外，还具有提高人力资源水平、增强社会稳定性和形成推进经济增长的社会共识①等作用。这在一定程度上体现了效率与公平的统

---

① 收入的均等化可以实现经济增长成果惠及社会各阶层，改善社会各阶层的福利水平。社会各阶层从经济增长中普遍获益有利于社会共识的形成，社会共识的形成又反过来会推动经济增长。

一，也是机会均等成为包容性增长核心内容的原因之一。

收入均等作为分享经济增长成果的机会均等的主要内容，其重要性体现在以下方面：（1）对有效需求的影响。通过收入分配领域机会均等的实现，可以减少机会不平等对个体收入水平的影响，使个体收入的差别只体现个体在努力程度、工作能力和生产率等方面的差别。这能通过改善低收入群体的收入水平，增进社会的有效需求。（2）对人力资本积累的影响。在减少收入领域的机会不平等的条件下，社会弱势群体有机会通过自身努力和人力资本的积累进入工资水平较高的行业，进而提高收入水平，再通过人力资本投资的增加提高人力资本积累水平，这对提高社会整体人力资本水平和提高经济增长的效率会产生积极的推动作用。（3）对社会稳定的影响。收入领域机会均等的实现，可以有效减少由机会不均等产生的收入差别，减少要素市场的扭曲，缩小收入差距，有利于社会稳定。（4）对社会共识形成的影响。一国的增长模式如能有效减少收入方面的机会不平等，使劳动力的收入水平和其提供的劳动相匹配，就能有效避免不合理的收入差距，提高社会各阶层（尤其是弱势群体）对现有增长模式的认同，形成统一的社会共识，这既有利于社会稳定，也有利于长期经济增长的持续。

第二节　教育机会均等的含义与实现条件

一　教育机会均等的含义

教育作为社会各阶层人群获得知识和技能的主要途径，不仅影响着个体在社会中的发展，亦是社会人力资本积累的重要途径之一。教育领域（特别是学校教育）的公平程度，既会影响当前的人力资本水平，对社会各阶层的形成和分化产生影响，也会对代际公平产生影响，进而对一国或地区的社会稳定和持续发展产生影响。因此，国际社会和各国政府都将教育领域的制度设计和政策安排作为公共政策领域需重点关注的问题。在公共服务领域，要使发展成果惠及社会各阶层，公平自然而然地成为政策制定过程中需要关注的目标之一，因此，教育公平往往成为政府制定相关教育政策的依据之一。但是，由于教育问题的复杂性和人际相异性的存在，对于教育公平的认识众说纷纭。公平是所有人获得同样的教育机会，还是所有人获得同等水平的教育，抑或是所有人通过教育达到同等的认知水平和获得同等水平的技能，这些认识（不管是在起点环节还是在过程中，抑或最后的结果方面）由于对公平的衡量存在分歧，很难得到统一。在对教育公平的讨论中，大部分讨论者似乎都赞同把教育公平区分为"起点公平"、"过程公平"与"结果公平"，并且倾向于把"起点公平"作为一种"底线公平"和"现实公平"（可以实现的公平）来看待。[①]"起点公平"也可以理解为"机会均等"，强调教育机会对社会大众是开放的，且是公平的，社会各阶层都可以平等地获得教育机会。对于教育过程，由于存在个体差别、经济水平差异、地域差别和投入差异等制约因素，要衡量和实现公平存在较大困难。对于教育结果，考虑到个体的努力程度、学习态度和学习过程中的偶然性等因素，再考虑到教育的复杂性，要实现公平也存在较大难度，甚至可以说仅是一种理想中的结果。结合前面的讨论，考虑到"起点公平"、"过程公平"和"结果公平"的内涵及实现可能性，而且由于机会即意味着起点，若没有起点阶段的公平，要实现"过程公平"和"结果公平"也失去了坚实的基础，所以可以认为"起点公平"，即教育机会均等是教育公平的核心，这也和弗里德曼等自由主义经济学家强调的机会均等的重要性相一致。

---

① 石中英：《教育机会均等的内涵及其政策意义》，《北京大学教育评论》2007 年第 5 卷第 4 期。

在明确了教育机会均等作为教育公平的核心内容之后，我们有必要进一步明确教育机会均等的含义。由于教育机会均等内涵的复杂性，学术界至今未对教育机会均等的概念形成统一明确的界定，也使教育机会均等的内涵和外延显得很模糊，难以进行准确的界定。在对教育公平进行研究的诸多文献中，不同学者对教育机会均等的看法也不尽相同。通过梳理，我们发现早期西方学者对教育机会均等的研究，最初起源于政治哲学领域和社会伦理领域，主要是把教育平等作为一项社会权利，围绕教育过程中各种影响教育平等的因素及其关系等方面开展研究。回顾已有研究，西方学者对于"教育机会均等"概念的内涵存在不同的理解，其中比较有代表性的是安德森、科尔曼及胡森等的观点，下文对这些学者关于教育机会均等的论述进行简要介绍。

（1）安德森的教育机会均等观

美国学者安德森认为，所谓教育机会均等，包括四种含义："第一，提供每个人同量的教育；第二，学校教育的提供，足以使每一儿童达到既定的标准；第三，教育机会的提供，足以使每一个体充分发展其潜能；第四，提供继续教育的机会，直至学生学习结果符合某种常模者。"① 安德森的观点认为教育机会的平等提供能激发个人潜能，通过提供同等的教育，可实现结果平等。

（2）詹姆斯·S. 科尔曼的教育机会均等观

在科尔曼看来，教育机会均等的概念发生了几次演变，第一次演变是强调必须为所有在同样学校的儿童提供同样的课程；第二次演变是，假定不同的儿童应该有不同的职业前景，均等的机会要求为每一不同类型的学生提供不同的课程；第三次与第四次演变是由对教育机会均等的基本观点相反方向的理解引起的。科

---

① 马早明：《西方"教育机会均等"研究述评》，《教育导刊》2001 年第 15、16 期。

尔曼在评估美国关于种族间及其他不同群体间"教育机会均等的缺乏"的调查时，发现在对学校的投入、[①] 学校的种族组成、学校内的无形因素、[②] 学校对具有同样背景和能力的学生的影响、学校对具有不同背景与不同能力的个人的影响这五个方面存在不平等。前三个方面的不平等主要是教育投入方面的不平等，在这一层面，教育机会均等指的是给予个人同样的投入时要产生结果的均等。后两个方面主要是学校对不同学生的影响方面的不平等，在这里，教育机会的均等是给予个体不同的投入时产生的平等。[③]

结合对五类具体不均等的分析，科尔曼提出了他的教育机会均等观。他认为，教育机会均等＝教育资源投入均等＋教育资源对学生成就产生的效力均等＋教育产出的均等。同时他还指出，完全的机会均等只有当全部差别性校外影响消失时才能实现，由于存在差别性校外影响，机会均等只能是一种接近，永远也不可能完全实现。[④] 科尔曼的教育机会均等观念指出教育机会均等包括起点公平、过程公平和结果公平。[⑤] 他对起点阶段的公平主要关注教育资源投入和种族等方面的公平，未对发展中国家教育起点阶段存在的由性别、种姓和家庭背景等因素导致的不平等进行分析，因此其对教育机会均等的论述对解决发展中国家的教育机会平等问题存在一定的局限性。

（3）胡森的教育机会均等观

瑞典学者胡森在分析教育机会均等时，强调既要明确"平等"

---

① 在生均经费、学校设备、图书馆、教师的质量以及其他类似的数量上的不平等。
② 这些无形的因素主要包括教师的道德水平、教师对学生的期望、学生个人的学习兴趣和学习水平以及其他一些因素。
③ 张人杰：《国外教育社会学基本文选》，华东师范大学出版社，1989，第191页。
④ 张人杰：《国外教育社会学基本文选》，华东师范大学出版社，1989，第191页。
⑤ 教育资源投入均等可以理解为起点公平，教育资源对学生成就产生的效力均等可以理解为过程公平，教育产出的均等可以理解为结果公平。

的内涵，更要明确"机会"的内涵。他认为"平等"有起点均等论、过程均等论和结果均等论这三个方面的含义。对于"机会"，胡森认为其是"一种可变标准，属于这一范畴的变量，主要有以下几类：第一组变量含学校外部的各种物质因素；第二组变量包括学校的各种物质设施；第三组变量是指家庭环境中某些心理因素；第四组变量是指学校环境中某些心理因素；第五组变量是学习机会，指狭义的学校情景中所固有的机会，也就是说，仅仅是指教学条件"。①

（4）其他学者对教育机会均等的论述

霍（K. R. Howe）认为，教育机会均等原则是机会均等原则的一部分。一般意义上的机会均等，就是追求个体具有获得社会财富的平等的机会。因此教育机会均等就是，只要个体具有获得某种教育的平等机会，即使教育结果存在不平等，在道德上也还是允许的。② 南格尔（Nagel）认为确定机会是否均等，主要是看在接受公共教育方面有没有正式的（特别是法律的）障碍——基于诸如种族、性别、语言等与教育无关的道德标准，阻止个人或群体接受公共教育。③

石中英（2007）通过对国内外学者文献的梳理，认为教育机会均等包含以下层次：第一，可能性平等。人们接受同等教育机会的可能性不受种族、性别等社会排斥或歧视制约。第二，权利平等。第三，相对平等。法律上所赋予的受教育机会均等需要相应的经济的、文化的以及其他一些社会条件来保障。第四，部分平等。"教育机会"主要指人们接受公共教育的机会，不包括在它

---

① 张人杰：《国外教育社会学基本文选》，华东师范大学出版社，1989，第195页。

② 谯欣怡、沈有禄：《西方教育机会均等研究简述》，《广西大学学报》（哲学社会科学版）2010年第5期。

③ 谯欣怡、沈有禄：《西方教育机会均等研究简述》，《广西大学学报》（哲学社会科学版）2010年第5期。

之外的家庭教育、私立教育以及其他通过市场来提供的非正规教育。与之对应，教育机会均等主要指公共教育领域的机会平等，是部分平等。[①]

包容性增长作为一种增长模式，强调增长过程中社会各阶层在参与和分享方面的机会均等，从而为经济的持续增长提供动力，使社会各阶层尽可能从增长中获益，实现社会福利水平的提升。而在这一模式下，教育仍是提升人力资本水平的途径之一，如何有效提高教育对人力资本积累的贡献就成为人力资本研究的重点之一。要为持续的经济增长提供动力，教育机会的均等就成为包容性增长视角下机会均等的核心议题之一。基于此，本书认为包容性增长视角下的教育机会均等的含义包括以下内容：（1）向社会各阶层提供同样的教育机会；（2）消除社会各阶层获得教育机会的障碍。

二 教育机会均等的实现条件

由于人际相异性的存在，要实现完全的"教育机会均等"不管从理论上还是实践上其实都存在很大的困难，这也是对教育机会均等内涵的认识存在较大分歧的根源。西方学者从亚当·斯密、穆勒到凯恩斯都认为应给予社会各阶层一定的机会，参与经济活动。而教育是劳动力积累人力资本的主要途径，是否能为社会各阶层提供平等的教育机会就成为衡量教育公平的一个重要指标。要实现教育领域的公平，就要为社会各阶层提供平等的教育机会，通过市场改革和政策安排来实现教育机会对各阶层而言的平等开放。要理出实现教育机会均等的条件，就要首先回到对教育机会均等的界定上，只有厘清教育机会均等的内涵，才能进一步分析

[①] 石中英：《教育机会均等的内涵及其政策意义》，《北京大学教育评论》2007 年第 5 卷第 4 期。

得出其实现条件。前文的分析中，我们认为教育机会均等包含了两个方面，包括提供均等的教育机会和消除获得平等教育机会的障碍，下面我们就如何实现这两个方面的机会均等展开分析。

（一）提供均等的教育机会

在讨论教育机会均等问题时，考虑到教育可以包括学校教育、家庭教育和培训等内容，为避免歧义，本书在讨论教育机会均等时主要涉及学校教育。社会要为大众提供学校教育的均等机会，可以从以下几方面入手：（1）提供充足的教育机会，满足社会大众的需要。要实现教育机会均等，首先应为个人提供充足且同质的教育机会，使各阶层有权获得教育机会；其次，要保证教育机会向所有人开放，为社会各阶层获得教育机会提供便利；最后，要解决教育资源的稀缺性问题，并尽量实现同一层次的不同机会对应着同质的教育。这意味着在学前、小学、中学和高等教育各阶段都应为社会民众提供充足且同质的机会，① 要实现这一目标，政府就需要加大教育领域的投入，并不断优化制度设计和政策安排，保证在现有投入水平下教育机会均衡的安排。现实中，如果教育投入超前于经济发展，即将原可用于生产领域的资源转移投入公共产品（教育）领域，可能带来经济效率的损失，不利于经济增长。但是，由于教育带来的影响存在滞后性，在长期才能显现，我们有必要在效率与公平之间做权衡，保证教育资源的投入。所以，我们需要考虑社会经济状况与教育公平政策的适应性，具体到提供均等教育机会，就需要考虑如何在现有的有限教育资源条件约束下，实现各阶段教育的入学机会均等，比如我国实行的九年义务教育制度，为所有学龄儿童提供入学机会，尽可能为社会公众提供充足且均等的基础教育机会。（2）教育机会向社会所

---

① 学前、小学、中学和高等教育各阶段的教育机会一般指民众获得各阶段教育的入学机会。

有人群开放。社会上的个人，不论其种族、性别、家庭出身和宗教信仰如何，都具有受教育的同等权利，可以获得相同的教育机会，有权利根据自己的需要选择受教育的机会，以拓展个人的能力和知识水平。然而现实中，不论在西方发达国家还是在发展中国家，都没有实现真正意义上的教育机会对所有人群的平等开放，比如美国不同种族儿童可能面临的不同等教育机会，印度不同种姓之间获得教育资源的差异，中国城乡分割导致的教育资源差异引起的城乡教育机会差别等现实问题都能说明教育机会对所有人群开放是在实现教育公平过程中需要长期关注，通过不断努力来解决的问题。

（二）消除妨碍教育机会均等的障碍

在提供充足的教育机会，并向社会所有人群开放的基础上，要实现教育起点阶段的公平，还必须消除制约教育机会均等实现的障碍。从奴隶社会以来，人与人之间的不平等一直存在，消除不平等，实现人类大同也成了人类历史长河中人们孜孜不倦追求的理想目标。教育作为个人获得知识和技能的重要途径，对个人以何种方式参与社会生产，获得经济回报，进而实现个人的发展和可行能力的拓展具有重要作用，因此教育平等①往往成为实现社会公平的重要制约条件。要实现教育领域的公平，就要为社会大众提供均等的教育机会，这必然要求消除社会上存在的可能导致教育机会不均等的障碍。通过回顾文献并结合欧美和中国的发展情况，本书认为阻碍教育机会均等实现的主要障碍包括如下几个方面。

（1）教育资源投入的不均衡

要为所有阶层提供充分的教育机会，保证充足的教育投入是有必要的，但在投入过程中如果出现投入的不均衡，可能也会导

---

① 关于"教育平等"和"教育公平"，部分学者认为两个概念之间存在一定的差别，但在本书中，两者作为同一概念使用。

致机会的不均等。在发展中国家，由于国家财力等因素的制约，在教育方面的资源投入是有限的，资源的稀缺必然导致政府要合理考虑有限的教育资源如何在不同层次的教育阶段和不同地域上进行分配。结合中国的实际来说，就是教育资源如何在基础教育、中等教育和高等教育各层次之间，东部、中部和西部地区之间，以及城乡之间进行分配。关于教育资源如何在初等教育、中等教育和高等教育之间进行分配，政策制定者考虑的主要是教育结构、一国国民的平均受教育程度、发展战略和各层次教育对经济增长的推动作用。Gemmel（1996）通过研究发现，不同层次的教育与一国的经济发展水平表现出对应关系，初等教育与中等教育分别与最穷的和中等发展水平的发展中国家经济增长关系更为密切，高等教育则对经合组织国家的经济增长是重要的。其结论意味着在不同经济发展阶段，各层次教育对经济增长的作用存在差别，一国为实现经济增长应结合自身发展阶段，合理分配有限的教育资源，投入各层次教育。在本书中，为简化问题的讨论，我们不考虑不同层次教育之间的资源分配，主要讨论同一层次内，教育资源投入在不同地区之间和城乡之间是否存在差别。对于我国而言，由于在经济发展过程中区域差距的存在，东部、中部和西部地区对教育的投入难以避免地出现了差异，投入差异带来的结果体现在东部地区的人均受教育年限高于中部地区，中部地区高于西部地区。不管是投入还是结果，地区之间都出现了分化。而城乡之间由于新中国建立后采取优先发展重工业的战略，以农业支持工业，城乡之间不论在经济发展水平、人均收入还是在公共服务水平等方面都存在较大差距，教育领域不管是教育投入，[①] 还是教育水平都体现出城市优于农村的特征。如果以义务教育阶段为考

---

① 这里的教育投入指教育日常经费投入以及在学校基础设施、教师、教学用地和教学设备等方面的投入。

察对象，王颖（2003）、张长征等（2005）、王春元（2010）等的研究都支持我国教育领域存在明显的城乡差别，表现为资金分配不均衡，城市地区生均经费远远高于农村地区，城市学校经费高于农村学校，校舍、教学设备等教学设施也存在较大的城乡差异。为实现均衡发展，我国中央政府一直致力于在公共服务领域缩小区域差距，加大对落后地区如西部地区的投入。但是教育投入除了中央财政投入之外，还需要地方政府投入，各地在基础条件和财力等方面存在差异，因此区域之间的教育投入差异有可能会长期存在。而基础教育（义务教育）是一种公共品，政府应该为各区域的受教育人群提供同等的教育机会，这既符合公平的原则，又对社会的良性发展有很重要的作用，基础教育应该作为政府制定教育政策重点考虑的内容。

（2）家庭出身、性别等带来的制约

教育机会均等的核心是为社会所有人提供相同的教育机会，这是教育公平实现的重要组成部分。为所有有意愿的参与者提供相同的机会，必然要求不管受教育者的家庭出身、性别、父母工作行业和家庭收入水平等条件如何，都为其提供和社会其他人一致的教育机会，其和他人一样有自由选择的权利。但是我们在现实中看到的却是这些情景：发达国家的学龄儿童享受着免费提供的教育机会，非洲撒哈拉沙漠以南地区的儿童在面临生存威胁的同时很难获得受教育的机会；瑞典、丹麦等高福利国家的儿童不论性别，均可以获得相近的入学机会，可以获得较好的教育课程等资源，男童和女童在识字率等认知水平方面差异较小。而在尼泊尔、印度、孟加拉国等发展中国家的贫困地区，女童很难获得受教育的机会，识字率低于男童的水平，在辍学儿童中，女童占比较高。同样，在发展中国家，由于行业收入差异的存在，父母所从事行业（或者父母职业身份）的不同，会影响子女获得教育机会的可能性和受教育的程度，而这些条件的差异会进一步影响子女获得就业机会和从事工作的行业，导致其难以进入高收入行业，这可能会进一步影响其后代的受教育程度，形成一种恶性循环，导致阶层固化，对社会的良性流动和稳定都会带来不利的影响。李春玲（2003）、刘慧珍（2007）、陈晓宇（2012）和程家福等（2013）的研究都发现我国社会各阶层人群获得教育机会（特别是高等教育入学机会）的可能性存在差异，会受到家庭出身等条件的影响，体现为政府干部、企业高管等家庭出身的个体获得教育机会的可能性高于普通工人家庭、农民家庭出身的个体。我国在经济发展过程中，由于不平衡的发展战略，区域差异、户籍差异、行业收入差异持续扩大和行业垄断等现象的存在，考察家庭背景等因素是否会影响子女的受教育机会就成为一个有意义的问题。

（3）收入差异带来的制约

由于教育需要家庭收入支撑，在发达国家的贫困人群和发展中国家的低收入阶层中，子女辍学的情况经常发生，其获得的教育机会和教育水平也可能由于家庭收入水平的限制而低于社会中高收入家庭的子女。在发展中国家，由于国家经济发展水平和财力的限制，政府投入教育领域的资源有限，家庭需要为子女的教育负担一部分成本，这虽然符合"谁受益、谁支付"的教育成本分摊原则，但由于家庭在支付能力方面的差异，其结果就是受教育机会在不同收入水平的家庭之间分配得较不均衡。而且高收入家庭有较强的动机通过不断加大教育投入来扩大其子女受教育水平与其他家庭相比较的优势，[1] 这可能会导致阶层分化进一步强化，必然不利于社会的良性流动，有悖于包容性增长的内涵。

---

[1] 熊春文、陈辉：《西方国家教育机会均等及其观念的历史演进》，《华中师范大学学报》（人文社会科学版）2011年第50卷第4期。

三　教育机会均等存在的争议

如前所述，在包容性增长模式下，教育机会公平的实现对机会均等有很重要的意义，要使社会各阶层广泛参与到经济增长过程中，更好地分享经济增长的成果，在教育领域实现机会公平是实现机会均等的重要条件。但是，实现了教育机会均等是不是就能确保其他机会均等的实现，教育领域的公平程度会如何影响机会均等的实现，关于这些问题存在很多争议，有待我们进一步分析。"机会"一词在内涵上有三个关键内容：第一，机会可以被看作某种做事或行动的可能性；第二，这种可能性与一组外部条件相联系，或者说是由一组相关的外部条件所决定的；第三，对这种可能性的把握及这种可能性的实现有赖于行为人自身的素质，并不必然地、命定地导致理想的结果。[①] 从这三个角度看，教育机会包含获得教育的可能性、受教育条件（和一定的外部条件相关联），以及个人有动力和能力去获得教育机会。进一步看，教育机会均等的核心是社会上的个体都获得同等的教育机会。这体现了公平原则，也体现了人人平等的人类理想，是一种在教育领域的道德要求和人文关怀，而在现实中教育领域的这一公平原则要实现存在很多困难。前文的分析认为教育机会均等的含义包括提供均等的教育机会和消除获得平等教育机会的障碍。就第一个层次而言，提供均等的教育机会存在如下制约：①尚未形成对教育机会内涵的统一认识。如果没有对教育机会内涵的统一认识，就很难通过有效的制度和政策安排提供均等的教育机会。在内涵不统一的情况下，如何找一个合理的尺度衡量是否均等在理论上和实践上都面临挑战。②对教育机会均等的具体条件缺乏清晰的认识。

---

① 石中英：《教育机会均等的内涵及其政策意义》，《北京大学教育评论》2007 年第 5 卷第 4 期。

提供均等的教育机会，具体是同样的学校、水平相同的教师，还是同样的课程？是不是包含使学生达到同样的水平等条件？政策制定者和学者对这些并未形成共识，而且每一条件在具体实行中要实现，都存在较大困难。③在资源约束较强的条件下，关于应在教育领域的哪个环节实现机会均等，以实现平等与效率的兼顾，也存在较多分歧。结合教育与经济增长的关系，具体就是一国应考虑教育机会均等是在基础教育阶段还是在高等教育阶段实现，抑或是尽力实现所有层次教育的机会均等，这一问题在学界至今仍存在不同的看法。进一步，即使明确了应实现机会均等的教育阶段，由于基础教育和高等教育本身的复杂性，以及教育本来是教育者和受教育者之间的互动，什么应该平等，怎么平等，也是困扰政策制定者和研究者的难题。

我们再来看消除获得平等教育机会的障碍，前文的分析提到了三种主要的障碍：教育资源投入的不均衡，家庭出身、性别等带来的制约和收入差异带来的制约。首先，教育资源投入的不均衡如果是由政策因素所致，是可以通过对政策的调整来实现的，但结合中国的实际，有一个问题需要注意：即使中央政府加大对中部和西部地区的教育投入（特别是西部），但是只要有一部分投入是由地方政府承担的（或者地方政府通过各种渠道对本地教育资源投入给予支持），由于地域之间初始条件的差异，要实现教育资源投入的均衡可能就需要中央政府加大政策的调整力度，也需要一个较长的调整过程。其次，关于家庭出身和性别等因素对获得均等教育机会的影响，因其复杂的作用机制和不同国家宗教信仰、文化习俗和社会理念的差异，这些因素虽然是政策制定者和学者长期关注的重点，但现实中还远没有完全消除它们对实现教育机会均等的影响。最后，要消除收入差异带来的影响可能需要两个条件：一是改变家庭收入水平对获得教育机会的影响机制，使其不影响个体的教育机会获得；二是解决家庭收入差异问题，实现收入均等。对第一个条件，考察不论西方发达国家还是发展中国家的历史和现状，家庭教育投入一直存在，家庭教育投入水平主要的影响因素之一就是家庭收入水平，而家庭收入水平的差异必然引致教育投入的差异，这就使家庭收入水平不影响个体教育机会的目标获得变得难以实现。对于第二个条件，收入差距这一社会现实从奴隶社会到资本主义社会，甚至在社会主义的初级阶段都一直存在，关于收入差距的讨论在学界也一直长期存在。需不需要消除收入差距？如何消除收入差距？能否消除收入差距，实现收入均等？对于这些问题，学界的关注者莫衷一是，得出的研究结论也各自不同，所以要通过消除收入差异来实现教育机会均等也存在诸多困难。

前面的讨论自然而然地引申出一个问题，既然教育机会均等的实现存在那么多制约因素，在理论和实践上都存在一些质疑，我们是否有必要去努力实现教育机会均等？学界也有学者对这一问题持否定回答。对这一问题，本书认为，包容性增长之所以受到世界银行、亚洲发展银行等国际组织，发展中国家和部分学者的重视，关键原因就是包容性增长强调社会各阶层充分参与经济增长过程并共享经济增长的成果，避免有增长而无发展，实现社会福利的增进和普惠。这既有利于经济增长的长期持续，充分挖掘增长的潜力，又有利于实现增长的最终目标：为全人类谋福祉。而要实现包容性增长，为社会各阶层提供充分参与经济活动的机会就是一个重要的前提条件，其中教育机会的均等既是公民平等参与经济活动的机会之一，又会对就业机会的获得等产生影响。因此，虽然彻底实现教育机会均等存在诸多困难，但是尽力去实现教育机会均等对实现包容性增长具有重要意义。教育机会均等要完全实现可能需要一个长期的过程，但是追求这一目标的过程，会对人力资本的积累、收入差距的缩小、社会的良性流动、社会稳定性的增强和全民共享增长的成果等产生积极的作用，对一国或全人类的福利增进带来有利影响。因此，教育机会均等是一个有价值的目标，也是包容性增长的核心内涵之一。

第三节　教育机会均等与经济增长

在人类社会发展的历史长河中，人们总在努力追求实现社会物质财富生产能力的提升，以解决社会总产品的有限与持续的人口增长压力之间的矛盾，进而通过物质产品和服务的生产效率提升来满足人们日益增长的物质文化需要，提高人们的生活水平。纵观历史，增加物质财富和提升人类生活水平的主要途径之一就是增长。特别是工业革命以来，人类社会的生产能力和社会总产出取得快速增长，发达国家的人均生活水平得以迅速提高，福利水平得到持续增进。同样，在第二次世界大战后，由于新兴经济体的迅猛发展和中国、印度等发展中国家的高速经济增长，部分国家和地区[①]跨入了高收入国家行列，中国、印度等发展中国家的经济总量和人均收入水平也得到显著提升。这一方面带来这些国家国民生活水平的显著改善和人均收入水平的提高，另一方面，也大幅减少了发展中国家贫困人口的总量和比重。[②] 回顾关于经济增长的理论发展，亚当·斯密、马尔萨斯、拉姆齐、熊彼特等古典主义经济学家为现代经济增长理论提供了很多基本要素。这些思想包括：竞争行为和均衡动态的基本研究方法、收益递减的影响及其同物质资本和人力资本积累的关系、人均收入和人口增长

---

①　如20世纪跨入高收入行列的韩国、新加坡、中国香港和中国台湾等国家和地区。

②　按照王小林（2012）基于世界银行数据进行的测算，1981年全球发展中国家消费额低于1.25美元/天的贫困人口为19.4亿人，占总人口的比例为52.2%；2008年这两项数据分别为12.9亿人和22.4%。

率之间的相互作用、以劳动分工的深化及产品和生产工艺的推陈出新为形式的技术进步的效果和激励技术进步的垄断力量的作用。[①] 此后，凯恩斯提出了收入决定论，哈罗德和多马根据凯恩斯的有效需求理论，建立了长期化和动态化的哈罗德－多马增长模型。20世纪60年代前对经济增长的研究强调物质资本的作用，认为资本存量的规模，尤其是资本积累的快慢，是促进或限制经济增长的主要因素。新古典经济学家对过于偏重资本的观点提出了批判，指出技术进步是经济增长的源泉和决定性因素。索洛和斯旺建立了新古典经济的生产函数模型，提出了测算技术进步的"索洛剩余"，从增长源泉层面揭示了技术进步、资本和劳动对经济增长的贡献。以科斯为代表的新制度经济学重视制度因素，认为制度创新决定经济增长。20世纪60年代舒尔茨、贝克尔等人提出人力资本理论，从劳动力要素的角度，探讨人在推动技术进步和经济发展中的特殊作用，认为提高人力资本水平是刺激经济增长、缩小收入差异的根本所在。[②] 20世纪80年代中期，以罗默、卢卡斯为开端，多位学者摆脱技术进步作为外生变量的束缚，分析了劳动力质量的提高对经济增长的推动作用，建立了内生增长模型，倾力研究"长期经济增长的决定因素"，进行多国模型的增长趋势预测。在经济增长理论的演进过程中，人力资本和技术进步对经济增长的作用越来越得到重视，而人力资本水平和质量的提升往往对技术进步起到良性促进作用，因此，人力资本理论的提出和研究的深化，对解决经济增长的动力问题和实现经济发展具有重要的意义。舒尔茨通过分析将人力资本投资的内容概括为

---

① 罗伯特·J. 巴罗、夏威尔·萨拉－伊－马丁：《经济增长》（第二版），上海人民出版社，2010，第13页。

② 刘雯、唐绍欣：《西方人力资本理论的新发展述评》，《经济科学》1998年第4期。

五个方面：①医疗和保健；②在职人员训练；③学校教育，包括正式建立起来的初等、中等和高等教育；④（不是由企业组织的那种）为成年人举办的学习项目；⑤个人和家庭适应于变换就业机会的迁移。① 就其中的教育方面来看，教育有双重效应：一方面，人们受教育后，获得了知识，提高了技能，从而增加了对新的工作机会的适应性和在工作中发挥专门才能的可能性，这被称为"知识效应"；另一方面，人们受教育后，可以改变不正确的价值判断，提高纪律性，加强对工作和社会的责任感，从而更积极地参加经济活动并提高做好工作的积极性，这被叫作"非知识效应"。②

一 教育与人力资本

按照舒尔茨的理论，人力资本投资主要包括医疗保健、在职培训、学校教育、成人学习项目和迁徙等五个方面，而教育作为其中重要的人力资本投资形式，长期以来是人力资本理论研究的重点。靳希斌（2003）通过对人力资本理论的梳理，认为教育在人力资本理论中的价值可以体现在以下方面：①教育能促进人力资本的形成和积累；②教育在人力资本要素构成中处于核心地位；③教育在人力资本发挥效能环节具有重要作用。③ 关于教育在人力资本形成和发展方面的作用，范先佐认为："1. 教育是培养和提高人的思想道德素质的最重要手段；2. 教育是提高人的智力素质的最

① 西奥多·W. 舒尔茨：《论人力资本投资》，北京经济学院出版社，1990，第9～10页。

② 刘雯、唐绍欣：《西方人力资本理论的新发展述评》，《经济科学》1998年第4期。

③ 靳希斌：《人力资本理论阐释——兼论教育的人力资本价值》，《广西师范大学学报》（哲学社会科学版）2003年第39卷第3期。

重要途径；3. 教育对人的身心健康也有着极大的影响。"①

一国或地区的人力资本积累水平的主要表现之一是人力资本的质量，也可以称之为劳动者的质量或素质。人力资本质量提升的主要途径是教育、培训和知识增进。其中，培训的效果和知识增进的实现，很大程度上也依赖于教育。培训可以是在职培训，也可以是社会培训，无论哪种形式的培训，都要求参与者（被培训者）具有一定的知识水平、认知能力和学习能力。② 这些能力的形成主要来源于学校教育。同样，学校教育在知识增进方面也发挥着重要作用，体现在：一方面，学校教育的效果和质量可以引起知识增进的出现，而且学校教育中高等教育的研究活动也是推动知识增进和技术突破的重要途径；另一方面，学校作为传授知识的机构，其在学校教育过程中，会向学习者传授现阶段社会积累的知识，这会诱导学习者在学习现有知识的基础上，进行创新，进而实现知识增进。所以在研究中，往往将教育指标作为人力资本的代理变量，来分析人力资本对经济增长的影响。一国或地区为提升人力资本水平，并充分发挥人力资本在经济增长中的效能，往往会采取加大教育投入、优化教育资源配置、完善教育系统和提高教育质量等政策措施，通过教育改革来实现提升人力资本水平的目标。

二　教育与经济增长

教育是生产人力资本的一个重要部门，对一个国家或地区的长期发展和国际地位有着决定性的影响。从全球来看，发达国家和发展中国家无不将其作为国民经济的优先发展部门，通过普及和改善

---

① 范先佐：《论教育与人力资本形成》，《江汉大学学报》1998 年第 15 卷第 4 期。
② 比如被培训者要识字，具备一定的数学、物理和语文等基础知识，这些知识的获得大部分来自各种层次的学校教育。

教育来开发人力资源，促进经济增长，提高本国的国际竞争力。从国际发展的经验看，加大对教育、健康营养、医疗卫生等方面旨在提高人力资本的一系列投资，是发展中国家实现经济"起飞"和"赶超"、从传统农业社会向现代工业社会转变的先决条件。新加坡、韩国、泰国、中国台湾等东亚国家和地区的经济发展史也证实了这一点。

自哈罗德－多马经济增长模型将物质资本积累视为经济增长的唯一动力后，索洛等人发现基于该理论的推论与长期的经济统计和观察结果相矛盾，进而将劳动也作为生产要素引入生产函数，提出新古典经济增长模型。为解释"索洛剩余"，① 索洛将技术进步作为生产要素引入生产函数。对索洛模型中技术进步是否在模型之外外生确定的争议，引发了 20 世纪 60 年代及以后的大量实证研究，罗默（1986）以及卢卡斯（1988）提出了"新增长理论"（即内生增长理论）。内生增长理论明确了通过教育和训练获得技术，从而促进经济增长的机制。于是，教育成为经济长期增长的重要决定因素之一，通过教育进行人力资本投资可导致产出提高，从而带来经济增长。② 教育之于经济增长的作用，可以归纳为以下几点。

（一）教育的增长效应

教育投入作为人力资本投资的主要形式之一，具体体现就是政府部门和私人部门的教育支出。综合已有研究，教育支出对经济增长的影响主要体现在以下三个方面：一是投资和结构效应。教育支出作为一种社会投资或消费性支出，它的增加将直接影响经济增长，同时教育支出的变化也将通过对其他投资的挤出挤入

① 产出增长不能完全用资本和劳动的增长解释。
② 俞培果、沈云：《教育与经济增长关系研究综述》，《经济学动态》2003 年第 10 期。

效应、产业结构效应等影响经济增长。廖楚晖（2004）、周晓丽和陶美重（2006）等认为教育支出的增加能扩大教育部门的规模，促进教育部门的发展，这将影响一系列相关产业，如教学仪器设备制造业、信息产业、交通运输业、建筑业等。二是人力资本积累效应。内生增长理论强调了人力资本、技术进步对经济增长的重要作用，而增加人力资本存量的关键途径就是教育和在职培训。政府或私人可通过教育支出影响教育部门的发展，从而提升人力资本或技术水平，人力资本又可从两个路径影响经济的增长：一是作为独立投入要素的人力资本的提高能直接促进经济增长；二是人力资本存量水平提高能促进国内技术的研究与开发水平和对国外技术的采用，从而间接地对经济增长产生作用。[1] 已有研究大多基于这个角度阐述教育支出对经济增长的影响。三是教育溢出效应。教育支出的变化直接影响了教育部门的发展，包括教育部门的规模、师资水平等，而相对于经济中其他生产部门，教育部门拥有较高的技术、人力资本水平或生产率优势，对其他非教育部门具有技术溢出作用或技术带动作用，从而能带动整个经济的生产率水平，促进经济增长。Haveman 和 Wolfe（1984）将这种外溢效应概括为提高子女的品质、改善受教育者本人及其配偶和家庭成员的健康状况、提高劳动力市场双向选择的效率、提高储蓄率和促进技术进步与传播等 12 个方面。[2] Gylfason（2001）认为教育可通过促进劳动生产率、加强民主政治、改善健康状况以及促进社会公平等方面促进经济增长。蔡增正（1999）借鉴 Feder 的两部门模型，利用世界上低收入、中等收入和工业化等 194 个国家和

---

[1]　俞培果、沈云：《教育与经济增长关系研究综述》，《经济学动态》2003 年第 10 期。

[2]　转引自姚益龙《有关教育与经济增长理论的文献综述》，《学术研究》2004 第 3 期。

地区的数据进行经验分析，证实了教育部门对非教育部门存在技术溢出作用。陆根尧、朱省娥（2004）采用相同的模型，度量了中国教育部门对经济增长的促进作用及对经济中其他部门的外溢效应。解垩（2005）基于两部门内生增长模型研究了高等教育对经济增长的贡献，认为大学教育部门通过对非大学教育部门具有的要素生产率优势和对其他部门的技术扩散效应来影响技术进步进而影响经济增长。①

（二）教育与人口质量

对教育与人口的关系，范先佐（1999）进行了很好的总结和研究："教育与人口的数量、质量和结构，以及发展趋势有着十分密切的关系；而人口的数量、质量和结构，又直接或间接地与社会经济发生联系和关系。通过教育提高人口的质量，减少人口的数量，改变人口的结构，对社会经济发展和生产增长，具有直接或间接的作用。"② 教育水平和教育质量的提升，可以促进人均受教育程度的提高，再辅以教育机会平等，其结果是人口质量的整体提高。父辈教育水平的提高可通过改善家庭教育对子女的教育产生积极作用，进而带来下一代人口质量的提高。教育的发展除了带来人均受教育水平的提高，还能提高受教育程度较高的人口占总人口的比重，实现人口结构的优化。由于人口质量对人力资本和物质资本的使用效率都会产生影响，教育对人口质量的影响进一步也会影响经济增长。

（三）教育的制度价值

根据制度经济学的观点，制度包括"正规约束"和"非正规

---

① 转引自祝树金、虢娟《开放条件下的教育支出、教育溢出与经济增长》，《世界经济》2008 年第 5 期。

② 范先佐：《教育经济学》，人民教育出版社，1999，第 78 页。

约束"以及"这些约束的实施特性"。① "正规约束"和"非正规约束"可以规范社会参与人的行为，明确参与者的权利与义务，提高政策的实施效率，有效降低交易成本。教育可以从两个方面有助于正规约束的实施：一方面，教育有助于正规约束的创立和对正规约束的遵从。因为，在学校教育中，教育内容的一部分就涉及向受教育者传授社会的核心价值理念，引导受教育者遵循社会的统一道德规范，强调对法律法规的遵守。另一方面，教育有助于节约正规约束的实施成本。受教育者在教育阶段获得的对正规约束的知识和对遵守规则认同的形成，会对社会参与者的行为形成约束，有利于正式规则的实施。对于非正规约束，教育的作用体现得更明显。② 以道德伦理为中心的意识形态是非正规约束的核心，教育对社会大众意识形态的形成具有重要意义。一个社会核心的价值理念、伦理规范、道德准则和社会风俗等意识形态会通过学校教育不断强化，并在初等教育、中等教育和高等教育各阶段通过各种形式的教育活动不断传播，这对非正规约束被社会大部分群体接受会产生有利影响，进而影响社会参与者在众多交易中遵循非正规约束，这既有利于交易的完成，也可以减少社会的冲突和摩擦。

赖德胜认为："人力资本理论强调了教育对于提高生产效率从而促进经济增长的作用，交易费用经济学则强调了教育对于降低交易费用从而促进经济增长的作用。这说明教育对于经济增长具有一箭双雕的功用，即既能提高生产效率，又能降低交易费用，这种功用远非是资本、土地、简单劳动力等所可以比拟的。"③

---

① 道格拉斯·C. 诺思：《制度、制度变迁与经济绩效》，上海三联书店，1994。
② 熊春文：《教育经济功能的一个制度学解释》，《教育理论与实践》2002 年第 22 卷第 1 期。
③ 赖德胜：《对教育与经济增长的一个交易费用经济学解释》，《学术研究》1997 第 9 期。

三 教育机会均等与经济增长

前文论述了教育对人力资本和经济增长的积极作用，一国人力资本水平和质量的提升会推动经济增长，人力资本总量水平的提升受制于教育资源总投入和教育平等程度。教育机会的不平等会使本应获得教育机会的人失去受教育的机会。这既有悖于社会公平原则，又会导致人力资本在生产上失去边际效率，[①] 不能实现效率和公平的兼顾。教育平等与经济增长的内在作用机制是，提高教育的平等程度有利于教育整体质量的上升，从而有利于人力资本积累和技术进步，最终可有效促进经济增长。[②] Thomas、Wang和Fan运用1960~1990年15岁以上人口受教育程度分布的85个国家的跨国数据，分析了教育基尼系数与GDP的关系，发现教育平等与经济增长存在正相关关系，促进教育平等对经济增长具有显著影响。[③] 张长征等的研究表明教育公平与经济增长质量显著正相关，且前者是后者的格兰杰原因。[④] 姜时友等也认为中国的教育平等与经济增长之间是正相关的，教育平等是经济增长的Granger原因，这意味着较高的教育平等程度有利于经济增长，会成为经济可持续增长的促进因素；相反，较低的教育平等程度则可能抑制经济可持续增长。[⑤] 从人力资本积累水平因素看，刘海英等用

---

① 同样的资源在边际上如果能够更多地投向低收入家庭中的高能力孩子，显然将会提高社会总的人力资本积累，这有利于实现经济的可持续增长。

② 姜时友、陈太明：《中国转型期教育平等的经济增长效应研究》，《东北财经大学学报》2010年第1期。

③ Thomas, V., Wang, Y., Fan, X., *Measuring Education Inequality：Gini Coefficients of Education*. World Bank Publications, 2001.

④ 张长征、李怀祖：《中国教育公平与经济增长质量关系实证研究：1978~2004》，《经济理论与经济管理》2005年第12期。

⑤ 姜时友、陈太明：《中国转型期教育平等的经济增长效应研究》，《东北财经大学学报》2010年第1期。

2000年我国各省区市截面数据分析得出，在我国，教育公平程度的提高将导致人力资本积累水平提高。[①] 从人力资本的结构因素看，基于对技术进步（包括技术创新、技术扩散与技术应用等环节）的认识，张长征等指出只有在每个环节都有足够的人力资本作为载体，才能真正实现技术进步对经济增长质量提高的作用。因此，教育公平程度的提高将培养大批我国急需的技术扩散型人力资本与技术应用型人力资本，推动人力资本结构优化，最终促进全要素生产率提高。[②] 在总体上阐述了教育平等与经济增长的联系的基础上，我们进一步来具体分析教育机会均等[③]与经济增长之间的联系。

（一）教育机会的均等化从供给层面和需求层面推动经济增长

一个国家或地区要通过实现教育机会均等化提升教育公平程度，进而提高人力资本水平和质量，一般而言有两个途径：一是加大教育投入，为更多的人提供同等的教育机会，增加教育资源；二是在教育资源不变的条件下，通过教育结构和政策的调整，优化资源配置，促进教育机会的均等。从第一个方面看，加大教育投入，就要增加教育投资，兴建校舍、购买教学设备和雇用教师等。投资水平的提升会对经济增长产生拉动作用，带来产出水平的提升。而在现有教育资源约束下，通过调整资源配置实现教育机会均等，能提高平均人力资本水平，提高人力资本要素的生产

[①] 刘海英、赵英才、张纯洪：《人力资本"均化"与中国经济增长质量关系研究》，《管理世界》2004年第11期。

[②] 张长征、李怀祖：《中国教育公平与经济增长质量关系实证研究：1978～2004》，《经济理论与经济管理》2005年第12期。

[③] 本书的讨论涉及教育公平、教育平等和教育机会均等三个概念，教育公平和教育平等可以理解为等同的概念，教育公平涉及起点、过程和结果三个环节的公平，但由于教育公平的复杂性，主要强调起点公平，即教育机会公平（也称为教育机会均等），在特定条件下，教育机会均等也可以指代教育公平。

率，进而实现经济增长。而且在推进教育机会均等化实现的过程中，教育机会会分润到社会低收入阶层和弱势群体，能有效改善其人力资本水平，而知识水平和技能的提升，有利于其获得更好的就业机会，取得较高的收入水平，家庭收入的改善则可通过以下途径影响经济增长：家庭收入水平的提高可提高家庭储蓄率，进而提升资本的积累水平；收入水平的提高，也能扩大家庭的消费能力，增加消费支出，拉动经济增长；收入水平的改善，使家庭有更多的资源投入子女的教育，有利于人力资本的积累，也能促进代际公平，为可持续增长提供动力支持；收入水平的改善，也能改善家庭对子女的医疗保健投入，进而提升子女的健康水平，这对有效发挥人力资本的效能具有重要的意义。对于教育投资的重要性，也有学者认为加大教育投资不利于经济增长，其理由是教育投资会挤占投入其他部门的投资，而教育部门的生产效率低于其他部门，因此增加教育投资会降低产出水平。虽然在实证分析中，关于教育与经济增长关系的分析结论差异很大，但是考虑到教育（特别是教育机会均等）对经济增长的影响机制的复杂性、教育效果的发挥需要一定的时间以及教育的"外溢效应"，教育机会均等对经济增长的良性作用是毋庸置疑的。这也体现在不管是发达国家还是发展中国家都重视教育的投入和教育水平与质量的提升。在包容性增长模式下，教育机会均等也是参与经济增长机会均等的重要内容，对可持续增长的实现具有重要作用。

舒尔茨认为教育可以使经济增长，使个人收入增加，从而使个人收入分配不平等的现象趋于减少。因为通过教育可以提高人的知识和技能，提高人的生产能力，从而增加个人收入，使个人的工资和薪金结构发生变化。舒尔茨认为个人收入的增长和个人收入差别缩小的根本原因是人们受教育水平的普遍提高，是人力资本投资的结果。人力资本投资的增加，还可以使物力资本投资和财产收入趋于下降，使人们的收入趋于均等化。[1] 在前文的分析中我们指出，公共教育支出规模的增加是实现教育机会均等化的条件之一，关于公共教育支出规模的经济增长效应实证分析并未给出一致结论。Glomm and Ravikumar（1992）、Viaene and Zilcha（2006）的研究认为公共教育支出规模增加不仅有助于经济增长，也有助于缩小收入分配差距。但也有研究指出，公共教育支出对经济增长和收入分配的影响并不确定，这取决于公共教育资源的内部配置。Su（2004）利用一个两阶段人力资本积累模型指出，教育资源配置政策对经济增长和收入分配的影响与经济发展水平有关——对于欠发达国家，资源向基础教育倾斜有助于经济增长和收入分配公平。[2] 闵维方认为优化教育资源配置，以教育公平促进社会公平和经济收入分配的公平，尤其是提高经济弱势群体的收入，可为通过扩大国内居民的消费需求促进经济增长创造条件。[3]

教育机会向社会各阶层的平等开放，可以使有意愿获得教育的人群受到教育。个人通过教育可实现知识和技能的增进，并能结合社会对工作技能的需求主动拓展知识和技能，提升个人人力资本水平，这一方面会提高劳动力获得就业机会的能力，对充分就业产生积极的作用，另一方面能促进全社会的人力资本积累和人力资本质量的提高，对一国（特别是发展中国家）在国际市场竞争中发挥本国优势、成功吸引和吸收国外直接投资，从而获得相应的技术转移和管理经验，对本国生产的产品结构和就业结构进行调整，推动产业升级的实现具有重要意义。

---

[1] 姚益龙：《有关教育与经济增长理论的文献综述》，《学术研究》2004 第 3 期。

[2] 转引自郭庆旺、贾俊雪《公共教育政策、经济增长与人力资本溢价》，《经济研究》2009 年第 10 期。

[3] 闵维方：《教育在转变经济增长方式中的作用》，《北京大学教育评论》2013 年第 11 卷第 2 期。

（二）教育机会的均等化有利于社会制度的实施

制度的演变史表明，制度也是一种稀缺品，它的供给也会受到种种条件的约束，其中的一个重要条件是社会人均受教育程度和教育的结构，教育推动经济增长的作用在很大程度上正是通过它对于制度建立从而使交易费用减少的作用而达到的。赖德胜认为教育对制度的作用在于：首先，教育能扩展制度选择的空间。教育对制度选择空间的扩展功能主要有二：①教育有助于社会科学知识的积累，而经济学、法学、哲学等社会科学方面知识的积累和普及对于新的制度安排的创造和推广是至关重要的。②教育有助于扩大人们的交往半径，增加人们与其他经济空间接触的机会，从而扩大制度选择的集合。其次，教育能促进技术进步。技术进步一方面使衡量费用和契约实施费用大为降低，另一方面，技术进步本身又是决定制度变迁的重要力量之一，技术进步的出现和快慢，一定程度上取决于一国劳动者的平均受教育水平，较高的劳动者受教育程度可能带来较多的技术创新。最后，教育能促进统一意识形态的形成，有助于交易费用的下降和搭便车问题的解决。① 进一步来看，一方面，教育机会均等可以通过提升劳动者的受教育程度和素质来拓展制度选择的空间，推动制度变迁；另一方面，教育机会均等在提升个体受教育水平的基础上既可实现社会主流意识形态通过学校教育向社会大众的传播，又能通过提高社会公平程度，使意识形态被大部分人接受，有利于社会稳定。

（三）教育机会的均等化有利于社会进步

除了对个人和国家经济具有直接影响外，教育机会均等还对人的健康、营养、人口数量和质量、社会资本与社会和谐均具有间接作用。例如，在发展中国家，男女性获得教育机会的可能性由于收

---

① 赖德胜：《对教育与经济增长的一个交易费用经济学解释》，《学术研究》1997
第 9 期。

入制约、文化传统和社会风俗等的影响存在较大差别。教育机会均等可以提高女性人口获得教育的机会，提升女性人口的平均受教育程度，提高女性的劳动参与度，增加社会产出。而且，女性教育程度的改善还能增强家庭教育的效果，[1] 对下一代人口的人力资本积累有促进作用。同样，通过教育可以增进妇女的卫生和疾病知识，对降低婴儿死亡率有显著效果。[2] 进一步看，教育机会均等化的实现，能扩大教育的参与范围，使社会各阶层人口通过教育获得科学知识和技能，并在教育过程中向各阶层人群传播社会价值理念、文化传统和道德规范。社会整体知识水平的提高既有利于先进知识和技术的传播和吸收，也有利于激发创新，对社会共识和意识形态的形成也至关重要，这些均有助于一个国家的长期发展。[3]

小结

包容性增长重视社会各阶层充分参与经济增长，并平等分享经济增长的成果，这既有利于效率的提升，也有助于社会公平的实现。舒尔茨、贝克尔等提出的人力资本理论中教育具有促进经济增长作用的观点，为提倡教育机会均等的包容性增长可以促进可持续增长提供了理论依据，其理由在于：（1）教育机会均等有利于人力资本积累，带来人力资本水平和质量的提升。人力资本作为经济增长的投入要素之一，其积累水平和质量的提升，能有效提升生产效率，促进经济增长。而且，由于人力资本的积累和其效率的发挥是一个

---

① 按照一般的认识，家庭教育一般由母亲负责，女性知识水平的高低会影响家庭教育的结果，高文化水平的母亲，可以通过家庭教育的方式向子女传授更多的知识和技能，是学校教育的重要补充。
② 这既是社会正义的体现，也对发展中国家下一代人口的健康资本储备有积极作用。
③ 王德文：《教育在中国经济增长和社会转型中的作用分析》，《中国人口科学》2003 年第 1 期。

长期过程，现阶段人力资本的积累能为长期经济增长提供有利条件。（2）教育机会均等需要增加教育投资，教育投资的增加能扩大投资总量，并拉动其他相关产业投资，进而提高产出水平。（3）教育机会均等能缩小收入差距，扩大有效需求进而带动经济增长。实现教育机会均等对收入差距的作用机制体现为：教育机会的均等化要求教育机会对所有人群平等开放，低收入群体受教育机会的提高，可以带来其知识和技能的增进，有利于其在劳动力市场发挥个人人力资本而获得收入较高的就业机会，就业机会和收入条件的改善，可以使低收入家庭为子女教育投入更多资源，进而带来子代人力资本水平的提高，形成一种良性循环，打开低收入人群向中高收入人群流动的通道。长期来看，低收入人群收入的持续提高有利于收入差距的缩小。通过教育机会均等实现带来的收入差距缩小又会通过影响有效需求来推动经济增长，其作用机制体现在以下方面：一是伴随收入差距的缩小，低收入人群的收入水平会随之提高。由于穷人有较高的边际消费倾向，低收入人群的收入水平提高会带来社会总消费需求的增加。二是低收入人群收入水平的提高，会使其可支配收入增加，进而增加社会储蓄，为扩大投资提供资金支持。三是随着低收入人群收入水平的提高，其有能力增加对家庭医疗、健康和教育等方面的投入，进而带来人力资本的积累，对长期经济增长的实现有良性作用。（4）由于教育的外溢效应，教育机会均等能带来人口质量提高和社会进步等结果。教育机会对社会低收入阶层等弱势群体的平等开放，可以提高低收入阶层的识字率，减少文盲，提高社会的整体文化水平和人口质量，同时，社会各类参与者文化水平的提高有助于其理解和接受社会法规和道德准则，有利于社会共识的形成，达致社会进步。教育在西方发达国家社会进步过程中的重要作用已得到大多数人的认可，西方发达国家对教育的重视也体现了教育的重要作用。

第六章　中国经济增长的包容性实现
程度和政策指向

在前文中，我们分析了包容性增长的内涵和理论来源，并讨论了教育机会均等对持续经济增长的良性作用。对包容性增长的内涵和理论来源进行梳理之后，我们有必要进一步研究如何衡量包容性增长实现程度的问题。在本章中，我们将围绕以下主题展开论述：一是基于包容性增长的内涵，研究包容性增长指数的构建，涉及评价维度、指标选取、指标权重设置和指标处理；二是运用指数体系，对中国经济增长的包容性进行分析，说明包容性的演变及其影响因素；三是结合中国经济增长的包容性实现程度，提出中国实现包容性增长的政策建议。

第一节　包容性增长指数的构建

我们在前文中探讨了包容性增长的理论来源和概念内涵，认为发展中国家在发展过程中可以通过包容性增长这一模式来实现经济增长的可持续。随之而来的问题就是能否通过定量的方法评价包容性增长的实现程度，分析得出影响经济增长包容性实现程度的因素，通过刻画包容性增长的实现程度和各因素对经济增长包容性的影响机制，进而提出增进经济增长包容性的政策建议。由于包容性增长涉及平等、机会等难以量化的概念，国内外对包容性增长进行定量研究的文献较少，其中比较有代表性的是：Ali 和 Son（2007）提出的机会公平的评价方法；[①] McKinley（2010）提出的综合指标体系评价方法。本章将结合包容性增长的定义和内涵，考虑到指标的可获得性，采用 McKinley 的方法对中国经济增长的包容性实现程度进行分析。

一 包容性增长指数的评价维度和指标的选取

结合前文分析，本章采用 McKinley（2010）评价包容性增长的维度，从四个维度评价包容性增长：经济增长的可持续性、降低贫困和收入不平等、参与经济机会的公平性和获得基础社会保障。[②]

1. 经济增长的可持续性。可持续的经济增长是包容性增长的前提，只有保持高速和可持续的经济增长，才能增加整个社会的财富，创造充足的就业机会。本章选取人均 GDP 增长率，第三产业占 GDP 比重，二、三产业就业率等指标衡量经济增长的可持续性。

2. 降低贫困和收入不平等。包容性增长在保证机会均等、过程公平的同时，最终目的是保证结果的公平和社会弱势群体（贫困人口等）受益。如果经济增长能有效解决贫困，并降低不公平程度，也将有利于经济的可持续增长。本章选取国际贫困线以下人口比例、基尼系数等指标来衡量增长过程中的减贫效果和收入差距的变化趋势。

3. 参与经济机会的公平性。公平参与经济机会是经济增长过程具有包容性的条件，社会各阶层能否参与经济活动不仅取决于客观经济增长速度和就业机会，还取决于个体参与经济机会的能力，而个体能否参与经济机会，取决于个体能力以及政府为提高

[①] 这一方法通过绘制机会曲线来评价包容性增长，该方法比较适合评价单项指标的公平和包容性，如教育、就业等，但不适合评价一个国家或地区总体的包容性增长。

[②] McKinley T. Inclusive Growth Criteria and Indicators: an Inclusive Growth Index for Diagnosis of Country Progress. Asian Development Bank Working Paper, 2010 (14).

人的素质所提供的公共服务，如道路、饮水、健康、教育等的可获得性。本章选取五岁以下儿童死亡率（每千例活产儿）、初中毕业率等指标反映人们获取健康、教育服务等方面的公平状况。

4. 获得基础社会保障。包容性增长关注拓展所有人的机会（Ali，2007），并使所有人都平等地获得这些机会，消除极端贫困。若要消除极端贫困，需要重视基本社会保护或者社会安全网（Ali and Zhuang，2007）。社会保障水平可以反映基础社会保障状况，反映收入分配中社会保障的份额和现实的保障水平。本章选取社会保障金率等指标衡量社会保障水平。

本章选取以上指标衡量一国或地区包容性增长的实现程度难免存在一定的局限性，因为经济增长的可持续性、贫困和收入不平等、参与经济机会的公平性和基础社会保障水平这四个维度的评价指标还可以包括其他指标，如基础设施、研究与开发投入、公共医疗卫生支出、预期寿命、基础教育入学率、公共教育支出和识字率等，但考虑到指标数据的可获得性和连续性，本章选取了以上指标，指标体系的完善和拓展也是未来研究的方向之一。

二 评价指标的权重设置与指标处理

本章包容性增长指数权重的设置参考于敏、王小林的文章，[①] 具体的权重值见表 6 - 2。此外，由于本章中既有正向指标又有逆向指标，其标准化处理的具体方法有所不同，具体方法如下。

1. 正向指标的标准化方法

$$V_{y,j} = X_{y,j}/Z_{y,j} \times 100\%$$

$V_{y,j}$ 为 j 指标第 y 年的标准化得分，$Z_{y,j}$ 为 j 指标第 y 年的目标

---

① 于敏、王小林：《中国经济的包容性增长：测量与评价》，《经济评论》2012 年第 3 期。

值，$X_{y,j}$ 为 j 指标第 y 年的实际值。

2. 逆向指标的标准化方法

$$V_{y,j} = (\frac{\max_{y,j} - X_{y,j}}{\max_{y,j} - \min_{y,j}}) \times 100\%$$

$V_{y,j}$ 为 j 指标第 y 年的得分，$\max_{y,j}$ 为 j 指标的最高值，$\min_{y,j}$ 为 j 指标最低值，$X_{y,j}$ 含义同上。

3. 单项指标得分范围与目标值

各单项指标的得分范围和目标值的设置具体见表 6 - 1。

表 6 - 1　单项指标取值范围或目标值

指标	单位	取值范围或目标值
人均国内生产总值的增长率	%	以世界平均增长率的两倍为目标值，以平均增长率为基准值 60 分
第三产业占 GDP 比重	%	经济发达国家第三产业占 GDP 比重一般为 70%，以此为参考，设置 70% 为目标值
二、三产业就业率	%	参考发达国家二、三产业就业率约为 94%，我国以 94% 为目标值
居民基尼系数		根据国际公认标准，基尼系数在 0.2 ~ 0.3 之间表示公平，得 80 ~ 100 分；0.3 ~ 0.4 表示相对合理，得 60 ~ 80 分；0.4 ~ 0.5 表示差距较大，得 0 ~ 60 分，超过 0.5 的得 0 分。取值范围为 0.2 ~ 0.5
2.0 美元/（人·天）以下的人口比例	%	以 0 为目标值，以该指标最高贫困率 100 为最低值
五岁以下儿童死亡率（每千例活产儿）	‰	以 0 为目标值，以该指标世界最高死亡率 200 为最低值
初中毕业率	%	以 100% 为目标值，以 0 为最低值
社会保障金率	%	参考穆怀中（1997）标准计算方法所得结果，设置 1990 ~ 2008 年（1990、1993、1996、1999、2002、2005、2008）的目标值分别为 9.25、9.45、9.95、9.99、10.06、10.53、11.86

参照 McKinley（2010）的方法，本章使用的评价中国经济增长包容性的指标及其权重见表 6 - 2。

表 6 - 2　中国包容性增长指标及其权重

维度层		领域层		指标层	
指标	权重	指标	权重	指标	权重
经济增长的可持续性	0.30	可持续的经济增长	0.15	人均国内生产总值增长率	0.10
				第三产业占比	0.05
		就业机会	0.15	二、三产业就业率	0.15
降低贫困与收入不平等	0.30	收入不平等	0.20	居民基尼系数	0.20
		贫困发生率	0.10	2.0美元/（人·天）以下的人口比例	0.10
参与经济机会的公平性	0.30	健康和营养	0.15	五岁以下儿童死亡率（每千例活产儿）	0.15
		教育	0.15	初中毕业率	0.15
获得基础社会保障	0.10	社会保障水平	0.10	社会保障金率	0.10

第二节　中国经济增长的包容性实现程度

一　中国经济增长的包容性

基于上一节构建的包容性指数测算方法，本节通过查阅历年的《中国统计年鉴》和《世界发展指标》得到了 1990～2008 年中国各包容性指标的数值，整理结果见表 6 - 3。

表 6 - 3　中国 1990～2008 年各包容性指标数值

年份 指标	1990	1993	1996	1999	2002	2005	2008
人均国内生产总值的增长率（%）	2.4	12.6	8.8	6.7	8.4	10.7	9.1
第三产业占GDP比重（%）	38.6	34.5	33.6	38.6	42.3	41.4	42.9

续表

指标＼年份	1990	1993	1996	1999	2002	2005	2008
二、三产业就业率（％）	39.9	43.6	49.5	49.9	50.0	55.20	59.2
居民基尼系数	0.32	0.36	0.36	0.39	0.43	0.42	0.43
2.0美元/（人·天）以下的人口比例（％）	84.64	78.60	65.06	61.44	51.15	36.94	29.79
五岁以下儿童死亡率（每千例活产儿）（‰）	53.8	51	45.6	39.3	31.6	24	18.5
初中毕业率（％）	40.6	44.1	48.8	50	58.3	69.7	82.1
社会保障金率（％）	0.8	1.4	1.5	2.3	2.9	2.9	3.1

注：①鉴于相关年份的数据缺失，此处采用临近年份数据替代。

资料来源：人均国内生产总值的增长率，第三产业占 GDP 比重，二、三产业就业率，初中毕业率和社会保障金率的数据资料来源于中国国家统计局：《中国统计年鉴》，中国统计出版社，1990～2009 年；居民基尼系数、2.0 美元/（人·天）以下的人口比例和每千名活产儿中儿童死亡率的数据资料来源于世界银行：《世界发展指标》（1960～2013）。

随后，基于中国 1990～2008 年各包容性指标的具体数值，按照前文正向指标和逆向指标的标准化方法得到各项指标的具体评分情况（见表 6－4）。

表 6－4　中国 1990～2008 年各项包容性指标评分情况

指标＼年份	1990	1993	1996	1999	2002	2005	2008
人均国内生产总值的增长率	42.0	100.0	100.0	99.4	100.0	100.0	100.0
第三产业占 GDP 比重	55.1	49.3	48.0	55.1	60.4	59.1	61.3
二、三产业就业率	42.4	46.4	52.7	53.1	53.2	58.7	63.0

指标 ＼ 年份	1990	1993	1996	1999	2002	2005	2008
居民基尼系数	76.0	68.0	68.0	62.0	42.0	48.0	42.0
2.0 美元／人·天以下的人口比例	15.4	21.4	34.9	38.6	48.9	63.1	70.2
五岁以下儿童死亡率（每千例活产儿）	73.1	74.5	77.2	80.4	84.2	88.0	90.8
初中毕业率	40.6	44.1	48.8	50.0	58.3	69.7	82.1
社会保障金率	8.6	14.8	15.1	23.0	28.8	27.5	26.1

资料来源：同表 6 – 3。

基于表 6 – 4 的各项包容性指标评分情况和表 6 – 2 给定的各指标的权重，通过按指标层指标加权计算的方法得到指标层包容性指标评分情况（见表 6 – 5）。

表 6 – 5　中国 1990 ~ 2008 年指标层包容性指标加权评分情况

指标 ＼ 年份	1990	1993	1996	1999	2002	2005	2008
人均国内生产总值的增长率	4.2	10.0	10.0	9.9	10.0	10.0	10.0
第三产业占 GDP 比重	2.8	2.5	2.4	2.8	3.0	3.0	3.1
二、三产业就业率	6.4	7.0	7.9	8.0	8.0	8.8	9.5
居民基尼系数	15.2	13.6	13.6	12.4	8.4	9.6	8.4
2.0 美元／人·天以下的人口比例	1.5	2.1	3.5	3.9	4.9	6.3	7.0
五岁以下儿童死亡率（每千例活产儿）	11.0	11.2	11.6	12.1	12.6	13.2	13.6
初中毕业率	6.1	6.6	7.3	7.5	8.7	10.5	12.3
社会保障金率	0.9	1.5	1.5	2.3	2.9	2.8	2.6
合计	48.1	54.5	57.8	58.9	58.5	64.2	66.5

资料来源：同表 6 – 3。

基于表 6 – 5 的指标层包容性指标评分情况和表 6 – 2 给定的各指标的权重，通过按领域层指标加权计算的方法，得到领域层包容性指标评分情况（见表 6 – 6）。

表 6-6　中国 1990~2008 年领域层包容性指标加权评分情况

领域层		1990 年	1993 年	1996 年	1999 年	2002 年	2005 年	2008 年
指标	权重							
可持续的经济增长	0.15	7.0	12.5	12.4	12.7	13.0	13.0	13.1
就业机会	0.15	6.4	7.0	7.9	8.0	8.0	8.8	9.5
收入不平等	0.20	15.2	13.6	13.6	12.4	8.4	9.6	8.4
贫困发生率	0.10	1.5	2.1	3.5	3.9	4.9	6.3	7.0
健康和营养	0.15	11.0	11.2	11.6	12.1	12.6	13.2	13.6
教育	0.15	6.1	6.6	7.3	7.5	8.7	10.5	12.3
社会保障水平	0.10	0.9	1.5	1.5	2.3	2.9	2.8	2.6
合计		48.1	54.5	57.8	58.9	58.5	64.2	66.5

资料来源：同表 6-3。

基于表 6-6 的领域层包容性指标评分情况和表 6-2 给定的各指标的权重，通过按维度层指标加权计算的方法，得到维度层包容性指标评分情况（见表 6-7）。

表 6-7　中国 1990~2008 年维度层包容性指标加权评分情况

维度层		1990 年	1993 年	1996 年	1999 年	2002 年	2005 年	2008 年
指标	权重							
经济增长的可持续性	0.30	13.4	19.5	20.3	20.7	21.0	21.8	22.6
降低贫困与收入不平等	0.30	16.7	15.7	17.1	16.3	13.3	15.9	15.4
参与经济机会的公平性	0.30	17.1	17.8	18.9	19.6	21.3	23.7	25.9
获得基础社会保障	0.10	0.9	1.5	1.5	2.3	2.9	2.8	2.6
合计		48.1	54.5	57.8	58.9	58.5	64.2	66.5

资料来源：同表 6-3。

二　中国经济增长包容性的变化

通过采用 McKinley（2010）的综合指标体系评分法，本节计算得到了中国 1990~2008 年的包容性增长指数（见表 6-7），中国的包容性增长指数由 1990 年的 48.1 提高到 2008 年的 66.5，表明中国经济增长的包容性程度在不断提升（见图 6 - 1）。由于部分年份的数据缺失，本节并未对中国自改革开放以来各年份的包容性增长指数都进行计算。结合计算得到的中国 1990 ~ 2008 年包容性增长指数，再考虑到 1978 年以来中国持续的高速经济增长、基础设施条件的不断改善、贫困人口的减少和人民生活水平的整体提高，基本可以认为中国经济增长的包容性总体上是在提高的。这可以归结为：一方面，强劲的经济增长能提供更多的就业机会，提高一国的就业率水平，进而提高平均收入水平，降低贫困人口在总人口中的比重；另一方面，在经济增长过程中，一国国力得到增强，使其有能力加大对教育、公共卫生和社会保障等方面的投入，为国民提供更好的公共服务，促进公共服务的改善和均等化。这两方面的效应能提高一国经济增长的包容性，中国包容性增长指数随经济增长的持续提升就是例证。

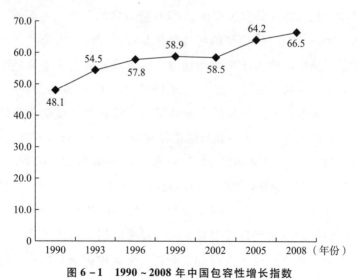

图 6 - 1　1990 ~ 2008 年中国包容性增长指数

资料来源：表 6 - 7 的计算结果。

基于本节包容性增长指数的计算方法，影响包容性增长实现程度的因素是四个维度层指标,[1] 这四个维度层指标的变化趋势见图 6-2。结合图 6-2、表 6-5、表 6-6 和表 6-7,我们具体来分析四个影响因素的变化情况:(1)经济增长的可持续性。在 1990~2008 年这一维度层的得分整体是在提高的,因为该维度层下属的领域层和指标层的指标得分在这一阶段都在升高,这得益于这一阶段中国经济的持续快速增长和产业结构的升级。具体来看,人均国内生产总值的增长率由 1990 年的 2.4% 提高到 2008 年的 9.1%,经济总量和人均产出水平保持快速增长的态势。1990 年第三产业占 GDP 的比重为 38.6%,2008 年这一比重变为 42.9%,体现了由第一、第二产业向第三产业转移的经济结构升级。从二、三产业吸收劳动力的能力来看,二、三产业就业率由 1990 年的 39.9% 提高到 2008 年的 59.2%,这也符合二元结构下中国劳动力从农村向城市转移的进程还在持续的特点。这三个指标在 1990~2008 年的变动对包容性指数的评价结果都是正向影响,提高了中国经济增长包容性的实现程度。(2)降低贫困与收入不平等。在 1990~2008 年这一维度层的得分整体是在下降的,因为其下属的领域层指标中的收入不平等指标得分呈下降趋势,这主要是由于基尼系数的提高,居民基尼系数由 1990 年的 0.32 变为 2008 年的 0.43,收入差距的进一步扩大导致了不平等程度的提高,降低了经济增长的包容性。另一领域层指标贫困发生率得分呈升高趋势,贫困人口占比由 1990 年的 84.64% 降低为 2008 年的 29.79%,贫困人口的大幅减少充分说明了中国减贫工作的成效,提高了经济增长的包容性。(3)参与经济机会的公平性。在 1990~2008 年这一维度层的得分整体呈升高趋势,因为该维度层下属的领域层和指标层的指标得分在这一阶段都在升高。自新中国成立以来,随着

---

[1] 四个维度层指标是经济增长的可持续性、降低贫困与收入不平等、参与经济机会的公平性和获得基础社会保障。

公共卫生和教育领域投入的不断加大和制度改革的不断深化，中国的基础医疗卫生服务水平和初等教育普及水平得到明显提升，社会大众获得基础医疗服务和教育机会的可能性得到提高，这也从一定程度上促进了参与经济机会公平性的提高。具体来看，五岁以下儿童死亡率（每千例活产儿）由1990年的53.8‰下降为2008年的18.5‰，初中毕业率由1990年的40.6%提高到2008年的82.1%。（4）获得基础社会保障。在1990～2008年这一维度层指标的得分整体呈上升趋势，因为该维度层下属的领域层和指标层的指标得分在这一阶段呈升高趋势。社会保障金率由1990年的0.8%变为2008年的3.1%，基础社会保障水平在这一阶段都呈提高的态势。但这一维度层的得分相比较其他维度层是最低的，这反映出我国的基础社会保障水平与目标值差距还较大，需要进一步提高基础社会保障水平，进而提升经济增长的包容性。

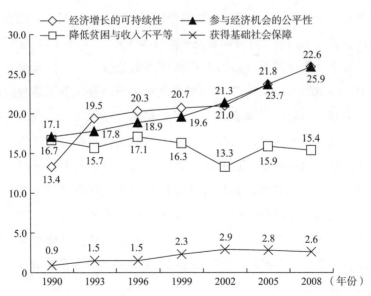

图6－2 1990～2008年中国包容性增长各指标趋势图

资料来源：表6－7的计算结果。

　　具体到各指标的得分情况，结合表 6 - 4 的计算结果，我们发现以下特点：（1）人均 GDP 增长率、五岁以下儿童死亡率（每千例活产儿）和初中毕业率这三个指标整体得分较高，且指标得分呈上升或稳定趋势。这些指标的变化反映了经济增长的持续和教育与公共卫生条件的改善对经济增长包容性提高的积极作用，但由于儿童死亡率（每千例活产儿）和初中毕业率这两个指标不能完整地反映在公共卫生和教育领域机会均等的实现程度上，这两个指标得分的提高是不是就支持参与经济机会的公平性提高这一结论还存在疑问。（2）第三产业占 GDP 比重，二、三产业就业率和 2.0 美元/人·天以下的人口比例这三个指标在整个阶段呈上升趋势，且后期得分均达到 60 分以上。这些指标的变化反映了中国经济结构的升级、就业结构的转化和减贫工作的成效。为进一步提高增长的包容性，我们有必要加快推动产业结构升级和转型，扩大就业和优化就业结构，通过持续的经济增长、收入分配领域的改革和社会保障体系的完善等措施进一步减少贫困人口。[1]（3）居民基尼系数和社会保障金率这两个指标整体得分较低。居民基尼系数在 1990 ~ 2008 年得分呈下降趋势，反映了我国收入不平等程度的扩大抑制了包容性的提高，这说明为实现包容性增长，我国有必要通过收入分配领域的改革等措施来缩小收入差距，消除收入不平等对社会和谐稳定发展的不利影响。社会保障金率指标在这一期间得分呈上升趋势，只是与目标值相距甚远导致得分偏低，这说明我国的基础社会保障水平一方面在整体提升，另一方面与理想的水平还有一定距离，需要我们进一步加大社会保障投入、完善社会保障体系来提高社会保障水平，进而提升增长的包容性。

---

　　[1]　十八届五中全会提出的全面建成小康社会新的目标要求中就包括减贫目标，要求到 2020 年我国现行标准下农村贫困人口实现脱贫，贫困县全部摘帽，解决区域性整体贫困问题。

基于前文包容性增长指数的构建和测算，我们分析得出在1990~2008年这一阶段中国的包容性指数总体呈上升趋势，说明中国经济增长的包容性实现程度在提高。包容性的提高得益于快速持续的经济增长、教育水平和公共卫生条件的改善，以及基础社会保障水平的提升，而收入分配领域不平等程度的扩大制约了包容性指数的上升趋势。但我们需要指出，由于受到指数构建方法的局限性、选取的指标不能全面地反映其所属领域层和维度层的真实状况、目标值的设置不一定合理和数据可获得性等的制约，本书构建的包容性增长指数对中国包容性实现程度的刻画存在一定的局限性，对中国经济增长包容性的描述和真实情况存在一定的偏差，不能完全地反映中国经济增长的包容性，得出结论的合理性也有待验证，这也是我们在未来研究中需要进一步拓展和优化的方面。

如果从联合国构建的人类发展指数（HDI）[①] 的角度来看，中国自改革开放以来的持续经济增长过程中，人类发展指数水平及其国际排名都在提升，这反映中国的发展质量在提高。但与俄罗斯、巴西等发展中国家相比，中国的人类发展指数还较低，还需要进一步提升经济增长对人类发展的改进作用。从图6-3的各国人类发展指数的变化趋势来看，发达国家的人类发展指数自20世纪80年代以来一直处于较高水平，达到高人类发展水平，[②] 反映了发达国家较好的国民健康程度、国民素质和物质生活条件。中

---

① HDI 是对人类发展成就的总体衡量，它衡量一个国家在人类发展的三个基本方面的平均成就：健康长寿的生活，用出生时预期寿命来表示；知识，用成人识字率（占2/3 的权重）以及小学、中学和大学综合毛入学率（占1/3 的权重）来表示；体面的生活水平，用人均 GDP（PPP 美元）来表示。
② 按照联合国的划分标准，所有国家根据人类发展成就被分为三类：高人类发展水平（HDI 值为0.800 及以上）、中等人类发展水平（HDI 值为0.500~0.799）和低人类发展水平（HDI 值为0.500 以下）。

国、俄罗斯、印度和巴西四国的人类发展指数自 1980 年以来持续
提高，由于预期寿命、国民受教育程度和其他人类发展指标的改
善很大程度上依赖于一国的经济总量水平和政策安排，所以"金
砖四国"的人类发展水平的提高很大程度上得益于各国持续快速
的经济增长。但是，经济增长不是实现人类发展的唯一条件，中
国的经济增长速度在"金砖四国"中是最快的，但中国的人类发
展指数水平仅高于印度，低于俄罗斯和巴西的水平，因为一国的
人类发展水平不只依赖于经济总量的增加，还取决于经济资源如
何使用以及使用的效果。一国可以在较低的经济资源水平下，通
过加大在教育卫生等领域的投入，采取合理的政策安排来实现较
高的人类发展水平。

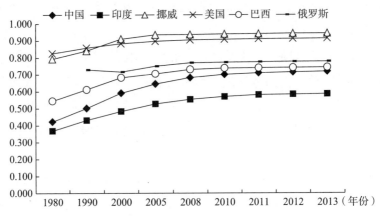

图 6 – 3　1980 ～ 2013 年各国人类发展指数（HDI）指标趋势图

资料来源：联合国数据库（UNdata）。

　　结合表 6 - 8 各国人类发展指数的各年指标值，我们发现美国、
挪威等发达国家由于在 1980 年前就已步入高收入国家行列，其人
类发展指数在 1980 ～ 2013 年只有小幅提升。中国、巴西和印度等
发展中国家的人类发展指数在 1980 ～ 2013 年有大幅提升，由低人
类发展水平（Low human development）上升到中等人类发展水平

（Medium human development），其中印度略低。[1] 以中国为例，在
改革开放后持续 30 年的高速经济增长过程中，中国的人类发展指
数（HDI）由 1980 年的 0.423 上升到 2013 年的 0.719，世界排名
为第 91 位。中国人类发展指数的提高得益于教育、卫生领域投入的
不断加大和社会保障条件的改善，以及人均收入水平的不断提高，
体现为中国的预期寿命、识字率、综合毛入学率和人均国民收入等
指标的不断提升。可以预见，中国只要能在长期内实现持续经济增
长，再辅之以教育、卫生等公共服务水平的不断改善和完善的社会
保障体系的建立，中国的人类发展水平可以达到高收入国家的水平。

表 6 - 8　各国 1980 ~ 2013 年人类发展指数（HDI）

国家	1980年	1990年	2000年	2005年	2008年	2010年	2011年	2012年	2013年	2013年 HDI 指数 排名
挪威	0.793	0.841	0.910	0.935	0.937	0.939	0.941	0.943	0.944	1
美国	0.825	0.858	0.883	0.897	0.905	0.908	0.911	0.912	0.914	5
俄罗斯	-	0.729	0.717	0.750	0.770	0.773	0.775	0.777	0.778	57
巴西	0.545	0.612	0.682	0.705	0.731	0.739	0.740	0.742	0.744	79
中国	0.423	0.502	0.591	0.645	0.682	0.701	0.710	0.715	0.719	91
印度	0.369	0.431	0.483	0.527	0.554	0.570	0.581	0.583	0.586	135

资料来源：联合国数据库（UNdata）。

结合图 6 - 1 和图 6 - 3，我们发现中国的人类发展指数和包容
性指数在 1990 ~ 2008 年都呈现上升趋势，基于包容性指数和人类发
展指数的构成和计算方法，我们认为这一阶段这两个指标的指标水
平提升得益于中国的快速经济增长和社会基础服务的改善，而且由于
社会基础服务的提供很大程度上依赖于政府财政资金的支持，所以，

---

[1]　各国人类发展水平所处区间取自 2013 年世界各国人类发展指数排名。

持续经济增长是一国包容性提高和人类发展水平改善的重要条件，这也凸显了包容性增长能为持续经济增长提供动力的价值所在。

第三节　中国实现包容性增长的政策指向

一　实现有效、持续的经济增长

要实现包容性增长，经济增长是基础。包容性增长这一增长模式的形成，需要以增长价值观为引导来促进经济增长方式的转变，通过有效、可持续的经济增长来实现。价值观与其评价标准是两个不同但又相互联系的范畴。但在人类历史的发展进程中，人们在功利主义驱动下，往往把评价标准当作价值标准来追求，用评价标准取代价值标准，导致价值观的遗失而陷入发展困境。中国对 GDP 这一衡量经济增长总量的评价标准的重视，从一定程度上导致了对经济增长价值取向的忽视，由此一定程度上出现了价值观紊乱，自然资源、生产要素与生态环境对经济增长的约束加强，社会结构不稳定等影响长期可持续增长实现的不合意现象。要解决这些问题，重塑增长价值观、在社会各阶层中形成一种符合包容性增长内涵的社会价值认同成为一种有效的途径。

包容性增长作为一种增长模式，兼顾了效率与公平，核心是在增长过程中实现机会均等，使社会各阶层广泛有效地参与经济增长，并平等分享经济增长的成果，实现持续的经济增长。基于此，为实现包容性增长，有必要统一社会共识，塑造符合包容性增长内涵的增长价值观，通过转变经济增长模式，提高经济增长的包容性，实现经济的可持续增长。

二　构建促进权利平等的制度安排

包容性增长视域下的权利平等对社会稳定的实现、经济和社会的良性协调发展具有重要的意义，是构建和谐社会的重要条件。以实现人的全面发展和实质性自由为出发点，包容性增长可以通过以下几个方面的制度完善来实现权利平等。

（1）教育制度。通过完善教育制度，进一步巩固基础教育（特别是贫困地区的基础教育），加强职业教育、成人教育和在职教育，合理安排教育资源，促进教育公平，使全国民众享有同等的受教育权利，以利于公民个人能力的构建。教育公平的核心是促进教育机会均等，为实现这一目标可实施以下政策安排：①增加教育投入，合理安排初等教育、中等教育和高等教育之间的资源投入，提高教育投入的效率，提升教育质量；②在同层次教育内，缩小城乡、区域和学校之间在师资、办学条件和资金投入等方面的差别，① 尽可能为受教育者提供同质的教育；③改革招生选拔制度，扩大教育资源供给，尽可能消除受教育者平等获得教育机会的障碍，结合户籍制度改革、劳动力要素流动性的提高等措施，力争人人享有平等的受教育机会。

（2）就业制度。充分就业的实现既能提高经济效率，又能推动就业人口收入的提高，这有利于经济的长期增长和人力资本水平的提高。而在提升就业水平的同时，通过有效的制度安排实现就业机会的公平，既能化解不平等可能带来的不利影响，又能提高潜在的经济增长水平，可以有效实现效率和公平的协调。进入21世纪，由于缺乏信息和政策引导，中国劳动力过剩与短缺并存，劳动力流动愈加频繁，如何实现充分就业，增加劳动者福利，建立有效的社会安全网等仍是亟待解决的问题。因此，政府要以市场导向为基础进行改革，对劳动力予以保护，保障劳动者的劳动、收益等权利。通过化解行业进入壁垒、加强劳动力流动性、消除

---

① 可通过加强教师流动、加大落后地区的教育投入和引入社会办学力量等途径缩小学校之间的差距。

就业歧视和实施合理的就业培训等措施来实现就业机会的公平。同时，要转变增长模式，重视发展有比较优势的劳动密集型产业。在实现经济高速增长的过程中，有效提高劳动力的就业水平和收入水平，实现充分就业。

（3）收入分配制度。政府应重视完善初次分配环节的制度安排，减少信息不对称、劳动力市场分割、就业歧视和行业垄断壁垒等对市场有效配置资源产生的不利影响，通过增加就业机会、减少劳动力流动的障碍和缩小行业收入差距等手段，实现初次分配环节效率和公平的统一。在再分配环节，有必要充分发挥家庭、市场和国家的作用，实现家庭、市场和国家再分配的有机结合。通过完善社会保障制度、增加社会公共品的供给和引入市场机制拓展社会保障资金的来源渠道等手段来完善收入再分配，并通过合理的制度安排提高收入再分配的实施效果。

（4）公共医疗卫生制度和社会安全网。为保证社会各阶层有条件充分参与经济增长过程，参与市场竞争，可以通过完善公共卫生和医疗保障制度来提高劳动力的身体素质，使其充分参与市场竞争。同时，鉴于在社会动荡和经济形势恶化的情况下，贫困人群和弱势群体受到的冲击更大，个人境况会趋于恶化，有必要建立社会安全网来保障贫困人群免于冲击，实现公平的社会目标。

通过以上制度安排的不断完善，一国或地区可以提高经济增长的包容性。包容性增长的实现以符合发展价值取向的持续经济增长为基础，通过减除贫困和缩小收入不平等程度，实现福利普惠和效率的兼顾，在全民享有平等参与经济增长和平等分享增长成果的权利的基础上，提高经济增长的效率，进而实现可持续增长和人类的发展。

小结

本章采用综合指标体系方法，选取相关指标构建包容性增长指数对中国经济增长过程中的包容性实现程度进行了测算，分析结果表明中国经济增长的包容性程度在提高，这很大程度上得益于中国经济的长期高速增长，以及经济持续增长带来的就业率、人均收入水平、贫困人口比率和公共服务水平的改善，但收入差距的扩大和社会保障体系不完善等因素制约了包容性的提高。为进一步提高增长的包容性，中国需要在收入分配、社会保障和医疗卫生服务等领域进一步深化改革，通过有效的制度安排在追求效率的过程中消除不平等，实现效率与公平的兼顾。结合包容性实现程度的分析，本书认为包容性增长的实现一定程度上取决于经济增长和合理的制度安排，政府可以通过推动经济增长、推进教育机会均等提升人力资本、提供更多且平等的就业机会提高劳动力参与度、改善收入分配和完善公共卫生服务等措施实现可持续发展。

结论和展望

面对发展中国家在经济增长过程中出现的发展失衡、收入不平等扩大和环境污染，以及陷入"中等收入陷阱"所面临的经济停滞等问题，包容性增长得以提出。包容性增长是在吸收增长理论、贫困和不平等，以及公平与效率等领域的理论成果和现实经验的基础上，以有效解决公平与效率的兼顾问题，减少贫困和不平等为目标而提出的一种增长模式和增长理念。这一增长模式以机会均等为核心，通过机会向社会所有阶层的平等开放，使社会大众充分参与经济增长过程并平等分享经济增长成果，充分发挥各要素的作用，为经济增长提供动力，进而实现经济持续增长。结合本书的分析，我们得出的结论如下。

1. 包容性增长以经济增长为基础，能为持续经济增长提供动力

随着社会大众对经济增长过程中出现的不合意现象的关注，包容性增长开始进入人们的视野。我们不禁产生如此疑问：包容性增长是否意味着否定经济增长？包容性增长是不是为实现消除不平等而需要牺牲经济增长？通过本书的分析，我们的回答是否定的。包容性增长的理论源泉之一就是经济增长理论，包容性的实现是以经济增长为前提的，贫困的减少、不平等的消除和社会福利的增进依赖于经济增长将"蛋糕"做大。现代增长理论指出，经济增长取决于资本和劳动力投入，以及技术进步。以往的研究主要关注如何通过有效的要素配置推动经济增长，实现经济总量

和人均产出水平的提升。包容性增长是伴随对不平等和贫困等问题的反思而出现的，容易给人造成包容性增长只是解决贫困和不平等问题的印象。在本书中，我们指出包容性增长能为经济的持续增长提供动力，体现在：（1）教育机会的均等化推动人力资本提升。一方面通过提高劳动力生产效率推动经济增长，另一方面人力资本整体质量的提升有利于推进技术进步，进而推动经济增长。（2）就业机会的均等化提高了劳动参与度，能充分发挥劳动力效能，使就业水平接近充分就业，在扩大产出水平的同时维持宏观经济稳定。（3）机会均等的实现能提高低收入人群的收入水平，增进社会整体福利水平。收入水平的提升一方面能增加社会总需求拉动经济增长，另一方面能通过储蓄的积累进而转化为投资，带动经济增长。（4）包容性增长倡导的公共卫生服务均等化能提高人口质量，进而带来经济效率的提高，也能改善下一代的劳动力质量，有利于代际公平的实现。社会保障体系的完善带来的人民生活质量的提升，体现了经济增长最大限度实现人类发展的社会价值取向。（5）包容性增长力求缩小收入不平等，能有效避免过度不平等对经济效率的损害，重视在追求效率的同时，实现对公平的兼顾。机会均等作为包容性增长的核心内涵，既可以通过机会向各阶层的平等开放激发经济活力，增进经济效率，又能通过机会的均等化，为社会良性流动提供基础，提高收入分配领域的公平程度，有利于社会稳定与和谐社会的构建。

2. 包容性增长能有效减少贫困，促进社会公平

以往的研究已说明经济增长是消除贫困的主要途径之一，世界范围内贫困人口的大幅减少依赖于中国、印度等发展中国家的持续经济增长，只不过我们在强调经济增长的减贫效应的同时，愈发关注不同经济增长模式解决贫困问题的效果，而包容性增长正是一种在经济增长进程中能有效消除贫困的增长模式。包容性

增长核心内容之一的机会均等的实现，可通过以下途径推动贫困问题的解决：（1）教育机会均等能提高社会大众（特别是弱势群体）的人力资本水平，增进其知识和技能，使其有能力参与经济活动，获得合理的收入回报；（2）就业机会均等能为社会大众提供充足的就业机会和消除就业障碍，就业机会的平等开放，给了社会各阶层充分运用其知识和技能的机会，使其能通过劳动获得收入，进而改善收入不平等；（3）公共卫生服务的机会均等，能改善低收入人群的健康状况，提高其生产效率，进而提高其收入水平，家庭收入水平的提高又会进一步改善子女的身体条件和劳动力素质，形成一个良性的循环；（4）机会均等的实现能拓展社会弱势群体的可行能力，使其通过能力的拓展解决收入不足问题，进而缩小收入差距，提升社会流动性，实现社会和谐稳定。

包容性增长弥补了以往增长理论过于重视经济总量增加和人均水平提升，而缺乏对不平等问题关注的不足。将寻求社会平等的价值观引入包容性增长，从一定程度上体现了经济增长的道德意义，也符合社会大众的共同利益和理想目标。这里有必要指出，包容性增长也不主张为实现公平而忽视经济增长，本书认为包容性增长关注不平等问题的目标正是实现有效的经济增长，达致效率与公平的协调。

3. 包容性增长可以实现效率与公平的兼顾，符合社会价值取向

经济增长是一个让人感到欢欣鼓舞的词语。这一词语可能意味着个体生活水平和物质条件的改善，进而使人产生精神上的愉悦。而在现实世界中，可能存在这样的图景：有人在经济增长中实现了收入水平提升、有房有车的愿望；而另一些人却未能从经济增长中获得收益，依然面临贫困带来的窘境，甚至在增长过程中，个人境况还会进一步恶化。在现实经济增长过程中，为何社会各阶层的人群之间会产生如此之大的分化？这种分化和差距合

理吗？如果这种分化不合理，如何缩小这类不平等？这一系列的问题，需要我们从理论层面和现实层面做出解答。如果遵循传统的经济增长理论，我们关注的核心是效率问题，首先要通过效率的尽可能提高来实现较快的增长，平等问题是经济增长的附带问题，要留待经济水平进入一定阶段后才能解决，对平等的关注很多时候是出于社会道义的考量。如果经济发展水平与收入不平等之间的关系确实沿着库兹涅茨曲线的轨迹发展变化，那就意味着发展中国家收入不平等的解决只能依赖经济增长，一国只能静待转折点的到来，在第二阶段收入不平等程度才随经济增长的持续而不断缩小。考虑到收入不平等恶化对经济增长的不利影响，一国可能在达到库兹涅茨转折点之前就陷入经济停滞，而且收入不平等的扩大不一定是经济增长起步阶段的必然结果，我们有理由认为收入差距不一定呈现随经济增长先扩大再缩小的必然规律，库兹涅茨假说不能完全解释发展中国家收入不平等与经济增长之间的关系。基于此，一国有可能在实现经济增长的同时，抑制收入不平等的扩大，实现效率与公平的兼顾。包容性增长由于其兼顾效率与公平协调的主要内涵，成为解决不平等问题的一种合理选择。

　　包容性增长可通过以下途径抑制经济增长过程中的收入不平等扩大：（1）通过机会均等的实现，社会大众能平等地参与经济增长，充分发挥个人潜能，有利于个人收入水平的提高，进而抑制收入差距的扩大；（2）基于起点的公平，再通过合理的制度安排尽量实现过程公平，消除性别、种族和家庭等因素导致的收入差异，有利于收入差距的缩小；（3）在起点公平和过程公平实现的条件下，结果（收入水平）的差异也能被社会大众所接受，不会因收入差异的存在而出现社会动荡等问题。社会大众对合理收入差距的认同，有利于社会共识的形成，也能为持续经济增长创造和谐稳定的社会环境。

　　包容性增长涉及经济增长理论、福利经济学和收入分配理论等领域，要完整地揭示包容性增长与这些理论发展之间的逻辑联系，进而从理论角度清晰地界定包容性增长并搭建其理论框架存在一定难度，需要在未来的研究中进一步拓展。不平等、机会等问题的复杂性，使其在量化方面存在一定的难度，本书采用的包容性增长指数在指标维度选取和构成、指标权重设置、指标评价标准和指标数据来源等方面存在一定的局限性和主观性，有待在未来的研究中进一步完善。在未来的研究中，可以考虑以下方面的改进：（1）进一步拓展评价指标体系包含的指标类别；（2）使评价指标的评价标准更加合理；（3）提高指标权重设置的合理性；（4）涉及衡量机会平等程度的领域层指标可以考虑采用机会函数的方法进行分析；（5）拓展包容性增长的评价方法，将其应用到国别比较方面，评价不同国家之间的包容性实现程度。

参考文献

［1］ D. S. 沃森、M. A. 霍尔曼：《价格理论及其应用》，中国财政经济出版社，1983。

［2］ A. C. 庇古：《福利经济学（上、下卷）》，商务印书馆，2006。

［3］ J. E. 米德：《自由、公平和效率》，东方出版社，2013。

［4］ 阿马蒂亚·森、王燕燕：《论社会排斥》，《经济社会体制比较》2005 年第 3 期。

［5］ 阿马蒂亚·森：《伦理学与经济学》，商务印书馆，2000。

［6］ 阿马蒂亚·森：《论经济不平等/不平等之再考察》，社会科学文献出版社，2006。

［7］ 阿马蒂亚·森：《以自由看待发展》，中国人民大学出版社，2002。

［8］ 阿玛蒂亚·森、让·德雷兹：《印度：经济发展与社会机会》，社会科学文献出版社，2006。

［9］ 阿玛蒂亚·森：《贫困与饥荒：论权利与剥夺》，商务印书馆，2001。

［10］ 阿玛蒂亚·森：《评估不平等和贫困的概念性挑战》，《中国社会科学文摘》2003 年第 5 期。

［11］ 阿瑟·奥肯： 《平等与效率——重大的抉择》，华夏出版社，1987。

［12］ 艾弗兹·阿里、刘英：《不平等和亚洲包容性增长的必要性》，

《经济社会体制比较》2011 年第 2 期。

[13] 安格斯·迪顿：《逃离不平等：健康、财富及不平等的起源》，中信出版社，2014。

[14] 安格斯·麦迪森：《世界经济千年史》，北京大学出版社，2003。

[15] 安格斯·麦迪森：《世界经济千年统计》，北京大学出版社，2009。

[16] 安格斯·麦迪森：《中国经济的长期表现：公元 960 – 2030 年》，上海人民出版社，2008。

[17] 奥雷利奥·佩西：《未来的一百页：罗马俱乐部总裁的报告》，中国展望出版社，1984。

[18] 巴里·诺顿：《中国经济：转型与增长》，上海人民出版社，2010。

[19] 白雪梅：《教育与收入不平等：中国的经验研究》，《管理世界》2004 年第 6 期。

[20] 白重恩、钱震杰：《谁在挤占居民的收入——中国国民收入分配格局分析》，《中国社会科学》2009 年第 5 期。

[21] 保罗·巴兰：《增长的政治经济学》，商务印书馆，2000。

[22] 本杰明·M. 弗里德曼：《经济增长的道德意义》，中国人民大学出版社，2013。

[23] 布坎南：《自由、市场和国家》，吴良健译，北京经济学院出版社，1988。

[24] 蔡昉：《理解中国经济发展的过去、现在和将来——基于一个贯通的增长理论框架》，《经济研究》2013 年第 11 期。

[25] 蔡昉：《刘易斯转折点：中国经济发展新阶段》，社会科学文献出版社，2008。

[26] 蔡荣鑫：《"包容性增长"理念的形成及其政策内涵》，《经济学家》2009 年第 1 期。

［27］蔡荣鑫：《益贫式增长模式研究》，科学出版社，2010。

［28］蔡杨涛：《城乡收入差距的政治经济学》，《中国社会科学》2000 年第 4 期。

［29］陈斌开、曹文举：《从机会均等到结果平等：中国收入分配现状与出路》，《经济社会体制比较》2013 年第 6 期。

［30］陈斌开、林毅夫：《发展战略，城市化与中国城乡收入差距》，《中国社会科学》2013 年第 4 期。

［31］陈钊、陆铭、佐藤宏：《谁进入了高收入行业？——关系、户籍与生产率的作用》，《经济研究》2009 年第 10 期。

［32］陈宗胜：《经济发展中的收入分配》，上海三联书店，1994。

［33］陈宗胜主编《发展经济学：从贫困迈向富裕》，复旦大学出版社，2000。

［34］程家福、董美英、陈松林、窦艳：《高等学校分层与社会各阶层入学机会均等问题研究》，《中国高教研究》2013 年第 7 期。

［35］程永宏：《改革以来全国总体基尼系数的演变及其城乡分解》，《中国社会科学》2007 年第 4 期。

［36］戴维·N. 韦尔：《经济增长》（第二版），中国人民大学出版社，2011。

［37］丹尼·罗德里克：《探索经济繁荣：对经济增长的描述性分析》，中信出版社，2009。

［38］丹尼·罗德里克：《相同的经济学，不同的政策处方：全球化、制度建设和经济增长》，中信出版社，2010。

［39］丹尼尔·豪斯曼编《经济学的哲学》，上海人民出版社，2007。

［40］丹尼斯·米都斯等：《增长的极限——罗马俱乐部关于人类困境的报告》，吉林人民出版社，1997。

［41］道格拉斯·多德：《不平等与全球经济危机》，中国经济出版社，2011。

[42] 道格拉斯·C. 诺思：《制度，制度变迁与经济绩效》，上海三联书店，1994。

[43] 德布拉吉·瑞：《发展经济学》，北京大学出版社，2002。

[44] 德隆·阿西莫格鲁、詹姆斯·A. 罗宾逊：《国家为什么会失败》，湖南科学技术出版社，2015。

[45] 丁小浩、梁彦：《中国高等教育入学机会均等化程度的变化》，《高等教育研究》2010 年第 2 期。

[46] 杜志雄、肖卫东、詹琳：《包容性增长理论的脉络、要义与政策内涵》，《中国农村经济》2010 年第 11 期。

[47] 范世涛：《包容性制度、汲取性制度和繁荣的可持续性》，《经济社会体制比较》2013 年第 1 期。

[48] 范先佐：《论教育与人力资本形成》，《江汉大学学报》1998 年第 4 期。

[49] 范永忠、范龙昌：《包容性增长理念及现实意义》，《理论与改革》2010 年第 6 期。

[50] 菲利普·阿格因、彼得·豪伊特：《增长经济学》，中国人民大学出版社，2011。

[51] 费景汉、古斯塔夫·拉尼斯：《增长和发展：演进观点》，商务印书馆，2004。

[52] 冯彬：《投资增长与经济增长问题的理论思考》，《金融科学》1992 年第 2 期。

[53] 冯海波：《"包容性增长"理念的学理澄明及其现实意义》，《南昌大学学报》（人文社会科学版）2010 年第 6 期。

[54] 龚刚、杨光：《从功能性收入看中国收入分配的不平等》，《中国社会科学》2010 年第 2 期。

[55] 谷书堂主编《社会主义经济学通论》，高等教育出版社，2000。

[56] 郭庆旺、贾俊雪：《公共教育政策、经济增长与人力资本溢

价》，《经济研究》2009 年第 10 期。

[57] 郭熙保、陈志刚、胡卫东：《发展经济学》，首都经济贸易大学出版社，2009。

[58] 郭熙保、马颖：《发展经济学研究（第六辑）：发展经济学的历史、现状及未来》，经济科学出版社，2009。

[59] 郭熙保：《论贫困概念的内涵》，《山东社会科学》2006 年第 12 期。

[60] 韩秀兰、李宝卿：《益贫式增长与社会机会分配》，《统计研究》2011 年第 12 期。

[61] 郝硕博、倪霓：《创新异质性、公共教育支出结构与经济增长》，《财贸经济》2014 年第 7 期。

[62] 赫希曼：《经济发展战略》，经济科学出版社，1991。

[63] 洪银兴：《发展经济学与中国经济发展》，高等教育出版社，2005。

[64] 胡鞍钢、胡琳琳、常志霄：《中国经济增长与减少贫困（1978 - 2004)》，《清华大学学报》（哲学社会科学版）2006 年第 5 期。

[65] 黄君洁：《评价包容性增长指标体系的构建》，《上海行政学院学报》2013 年第 3 期。

[66] 加里·S. 贝克尔：《人力资本》，北京大学出版社，1987。

[67] 江求川、任洁、张克中：《中国城市居民机会不平等研究》，《世界经济》2014 年第 4 期。

[68] 姜国强：《机会不均等：收入分配失衡的经济学解析》，《财经科学》2012 年第 7 期。

[69] 姜明伦、于敏：《中国包容性增长指数构建研究》，《江淮论坛》2012 年第 2 期。

[70] 姜时友、陈太明：《中国转型期教育平等的经济增长效应研究》，《东北财经大学学报》2010 年第 1 期。

[71] 焦瑾璞、陈瑾：《建设中国普惠金融体系：提供全民享受现代金融服务的机会和途径》，中国金融出版社，2009。

[72] 靳希斌：《人力资本理论阐释——兼论教育的人力资本价值》，《广西师范大学学报》（哲学社会科学版）2004年第3期。

[73] 经济合作与发展组织：《2012年全球发展展望：变迁世界中的社会和谐》，国家行政学院出版社，2012。

[74] 拉里·M.巴特尔斯：《不平等的民主：新镀金时代的政治经济学分析》，上海人民出版社，2012。

[75] 赖德胜：《对教育与经济增长的一个交易费用经济学解释》，《学术研究》1997年第9期。

[76] 朗索瓦·佩鲁：《新发展观》，张宁等译，华夏出版社，1987。

[77] 劳伦·勃兰特、托马斯·罗斯基等：《伟大的中国经济转型》，格致出版社、上海人民出版社，2009。

[78] 勒纳：《统制经济学：福利经济学原理》，商务印书馆，1965。

[79] 李春玲：《社会政治变迁与教育机会不平等》，《中国社会科学》2003年第3期。

[80] 李刚：《"包容性增长"的学源基础、理论框架及其政策指向》，《经济学家》2011年第7期。

[81] 李梅玉、罗融：《关于经济增长质量与包容性增长研究的理论回顾》，《湖北社会科学》2012年第7期。

[82] 李实、李婷：《库兹涅茨假说可以解释中国的收入差距变化吗》，《经济理论与经济管理》2010年第3期。

[83] 李增刚：《包容性制度与长期经济增长——阿西莫格鲁和罗宾逊的国家兴衰理论评析》，《经济社会体制比较》2013年第1期。

[84] 厉以宁：《论教育在经济增长中的作用》，《北京大学学报》（哲学社会科学版）1980年第6期。

[85] 联合国发展计划署：《1996 年人类发展报告》，中国财政经济出版社，1997。

[86] 林坚、杨奇明：《基于机会均等思想的收入分配研究述评》，《西北农林科技大学学报》（社会科学版）2014 年第 1 期。

[87] 林毅夫、刘明兴：《中国经济的增长收敛与收入分配》，《世界经济》2003 年第 8 期。

[88] 林毅夫、刘培林：《经济发展战略与公平、效率的关系》，《经济学》2003 年第 2 期。

[89] 林毅夫、庄巨忠、汤敏、林暾：《以共享式增长促进社会和谐》，中国计划出版社，2008。

[90] 林重庚、迈克尔·斯宾塞：《中国经济中长期发展和转型：国际视角的思考与建议》，中信出版社，2011。

[91] 刘畅：《中国益贫式增长中的经济政策研究》，中国社会科学出版社，2010。

[92] 刘海英、赵英才、张纯洪：《人力资本"均化"与中国经济增长质量关系研究》，《管理世界》2004 年第 11 期。

[93] 刘雯、唐绍欣：《西方人力资本理论的新发展述评》，《经济科学》1998 年第 4 期。

[94] 刘义圣、李建建：《发展经济学与中国经济发展策论》，社会科学文献出版社，2008。

[95] 陆铭、陈钊、万广华：《因患寡，而患不均——中国的收入差距、投资、教育和增长的相互影响》，《经济研究》2006 年第 12 期。

[96] 罗伯特·M.索罗：《经济增长论文集》，北京经济学院出版社，1989。

[97] 罗伯特·M.索罗：《增长理论：一种解析》，中国财政经济出版社，2004。

[98] 罗伯特·J. 巴罗、夏威尔·萨拉－伊－马丁：《经济增长（第二版）》，上海人民出版社，2010。

[99] 罗伯特·诺齐克：《无政府、国家与乌托邦》，中国社会科学出版社，1991。

[100] 罗尔斯：《作为公平的正义——正义新论》，上海三联书店，2002。

[101] 罗纳德·德沃金：《至上的美德：平等的理论与实践》，江苏人民出版社，2012。

[102] 罗小芳、卢现祥：《论共享式增长——对我国经济发展失衡的制度思考》，《金融与经济》2010年第8期。

[103] 马丁·瑞沃林：《贫困的比较》，北京大学出版社，2005。

[104] 马丁·布朗芬布伦纳：《收入分配理论》，华夏出版社，2009。

[105] 马克思：《哥达纲领批判》，人民出版社，1964。

[106] 马早明：《西方"教育机会均等"研究述评》，《教育导刊：上半月》2001年第15期。

[107] 迈克尔·P. 托达罗、斯蒂芬·C. 史密斯：《发展经济学》，机械工业出版社，2009。

[108] 孟祥仲：《平等与效率思想发展研究：经济思想史视角》，山东人民出版社，2009。

[109] 闵维方：《教育在转变经济增长方式中的作用》，《北京大学教育评论》2013年第2期。

[110] 普兰纳布·巴德汉、克里斯托弗·尤迪：《发展微观经济学》，北京大学出版社，2002。

[111] 谯欣怡、沈有禄：《西方教育机会均等研究简述》，《广西大学学报》（哲学社会科学版）2010年第5期。

[112] 任保平、高煜主编《中国经济增长质量报告（2011）：中国经济增长包容性》，中国经济出版社，2011。

[113] 沈有禄：《教育机会分配的公平性问题研究综述》，《现代教育管理》2010 年第 10 期。

[114] 石中英：《教育机会均等的内涵及其政策意义》，《北京大学教育评论》2007 年第 5 期。

[115] 世界银行、国务院发展研究中心联合课题组：《2030 年的中国：建设现代、和谐、有创造力的社会》，中国财政经济出版社，2013。

[116] 世界银行：《2000/2001 年世界发展报告：与贫困作斗争》，中国财政经济出版社，2001。

[117] 世界银行：《2004 年世界发展报告：让服务惠及穷人》，中国财政经济出版社，2004。

[118] 世界银行：《2006 年世界发展报告：公平与发展》，清华大学出版社，2006。

[119] 世界银行增长与发展委员会：《增长报告：可持续增长和包容性发展的战略》，中国金融出版社，2008。

[120] 速水佑次郎、神门善久：《发展经济学：从贫困到富裕》，社会科学文献出版社，2009。

[121] 托马斯·皮凯蒂：《21 世纪资本论》，中信出版社，2014。

[122] 万广华、张茵：《收入增长与不平等对我国贫困的影响》，《经济研究》2006 年第 5 期。

[123] 万广华：《不平等的度量与分解》，《经济学（季刊）》2008 年第 8 期。

[124] 万广华：《城镇化与不均等：分析方法和中国案例》，《经济研究》2013 年第 5 期。

[125] 汪丁丁：《社会正义》，《社会科学战线》2005 年第 2 期。

[126] 汪丁丁：《新政治经济学讲义：在中国思索正义、效率与公共选择》，上海人民出版社，2013。

[127] 汪毅霖：《基于能力方法的福利经济学：一个超越功利主义的研究纲领》，经济管理出版社，2013。

[128] 王德文、何宇鹏：《城乡差距的本质、多面性与政策含义》，《中国农村观察》2005年第3期。

[129] 王德文：《教育在中国经济增长和社会转型中的作用分析》，《中国人口科学》2003年第1期。

[130] 王弟海、龚六堂：《持续性不平等的动态演化和经济增长》，《世界经济文汇》2007年第6期。

[131] 王弟海、吴菲：《持续性不平等产生和加剧的原因及其对中国的启示》，《浙江社会科学》2009年第4期。

[132] 王洪亮、刘志彪、孙文华、胡棋智：《中国居民获取收入的机会是否公平：基于收入流动性的微观计量》，《世界经济》2012年第1期。

[133] 王小林：《贫困测量：理论与方法》，社会科学文献出版社，2012。

[134] 王小鲁、樊纲：《中国收入差距的走势和影响因素分析》，《经济研究》2005年第10期。

[135] 威廉·刘易斯：《发展计划：经济政策的本质》，北京经济学院出版社，1988。

[136] 翁文艳：《教育公平的多元分析》，《教育发展研究》2001年第3期。

[137] 西奥多·W.舒尔茨：《论人力资本投资》，北京经济学院出版社，1990。

[138] 熊春文、陈辉：《西方国家教育机会均等及其观念的历史演进》，《华中师范大学学报》（人文社会科学版）2011年第4期。

[139] 熊春文：《教育经济功能的一个制度学解释》，《教育理论与

实践》2002 年第 1 期。

[140] 熊春文：《论教育公平与社会公平——基于帕森斯理论视角的一个反思》，《中国教育学刊》2007 年第 7 期。

[141] 徐俊武、曹旦：《中国包容性增长实现程度的估算：1978—2008》，《学习与实践》2013 年第 12 期。

[142] 薛进军：《不平等的增长：收入分配的国际比较》，社会科学文献出版社，2013。

[143] 杨胜刚：《经济发展与收入分配》，社会科学文献出版社，1994。

[144] 杨晓锋、赵宏中：《教育不平等、收入差距与经济增长后劲——包容性增长理论视角》，《经济社会体制比较》2013 年第 6 期。

[145] 杨永华：《发展经济学流派研究》，人民出版社，2007。

[146] 姚先国、张海峰：《教育、人力资本与地区经济差异》，《经济研究》2008 年第 5 期。

[147] 姚益龙、林相立：《教育对经济增长贡献的国际比较：基于多变量 VAR 方法的经验研究》，《世界经济》2006 年第 10 期。

[148] 姚益龙：《有关教育与经济增长理论的文献综述》，《学术研究》2004 年第 3 期。

[149] 叶茂林：《教育与经济增长的关系研究》，《数量经济技术经济研究》2002 年第 9 期。

[150] 尹恒、龚六堂、邹恒甫：《收入分配不平等与经济增长：回到库兹涅茨假说》，《经济研究》2005 年第 4 期。

[151] 于敏、王小林：《中国经济的包容性增长：测量与评价》，《经济评论》2012 年第 3 期。

[152] 于同申：《发展经济学：新世纪经济发展的理论与政策》，中国人民大学出版社，2002。

[153] 余章宝、杨玉成：《经济学的理解与解释》，社会科学文献出版社，2005。

[154] 俞培果、沈云：《教育与经济增长关系研究综述》，《经济学动态》2003 年第 10 期。

[155] 袁祖社：《由"增长－进步本位"的物本价值观到"民生－幸福本位"的人本价值观——改革开放以来中国社会"发展价值观"的历史性变迁及其实质》，《北京师范大学学报》（社会科学版）2010 年第 5 期。

[156] 约翰·梅纳德·凯恩斯：《就业、利息和货币通论》（重译本），商务印书馆，1999。

[157] 约翰·肯尼思·加尔布雷思：《富裕社会》，江苏人民出版社，2009。

[158] 约翰·斯图亚特·穆勒：《功利主义》，九州出版社，2007。

[159] 约瑟夫·E. 斯蒂格利茨、阿马蒂亚·森、让－保罗·菲图西：《对我们生活的误测：为什么 GDP 增长不等于社会进步》，新华出版社，2011。

[160] 约瑟夫·熊彼特：《经济分析史》（第一卷），商务印书馆，1991。

[161] 张平、陈昌兵、刘霞辉：《中国可持续增长的机制：证据、理论和政策》，《经济研究》2008 年第 10 期。

[162] 张平：《增长与分享：居民收入分配理论和实证》，社会科学文献出版社，2003。

[163] 张人杰：《国外教育社会学基本文选》，华东师范大学出版社，1989。

[164] 张长征、李怀祖：《中国教育公平与经济增长质量关系实证研究：1978—2004》，《经济理论与经济管理》2005 年第 12 期。

[165] 章铮：《环境与自然资源经济学》，高等教育出版社，2008。

［166］赵西亮:《收入不平等与经济增长关系研究综述》,《经济学动态》2003 年第 8 期。

［167］赵修渝、李湘军:《中国高等教育机会不均对个人收入差距的影响及对策研究》,《重庆大学学报》（社会科学版）2007 年第 2 期。

［168］赵苑达:《西方主要公平与正义理论研究》,经济管理出版社,2010。

［169］周华:《益贫式增长的定义、度量与策略研究——文献回顾》,《管理世界》2008 年第 4 期。

［170］周文文:《伦理　理性　自由:阿马蒂亚·森的发展理论》,学林出版社,2006。

［171］周小亮、刘万里:《包容性发展水平测量评价的理论探讨》,《社会科学研究》2012 年第 2 期。

［172］朱江玲、岳超、王少鹏等:《1850—2008 年中国及世界主要国家的碳排放——碳排放与社会发展 I》,《北京大学学报》（自然科学版）2010 年第 4 期。

［173］朱玲、魏众主编《包容性发展与社会公平政策的选择》,经济管理出版社,2013。

［174］祝树金、虢娟:《开放条件下的教育支出、教育溢出与经济增长》,《世界经济》2008 年第 5 期。

［175］庄健:《中国居民收入差距的国际比较与政策建议》,《宏观经济研究》2007 年第 2 期。

［176］邹群、赵果庆:《包容性增长的中国实证研究》,《商情》2011 年第 45 期。

［177］Adams, R. H., Economic Growth, Inequality and Poverty: Estimating the Growth Elasticity of Poverty, *World Development*, 2004, 32（12）: 1989 – 2014.

[178] ADB, *Eminent Persons Group Report*, Asian Development Bank, Manila, 2007.

[179] ADB, *Fighting Poverty in Asia and the Pacific: The Poverty Reduction Strategy of the Asian Development Ban*, Manila, Philippines, 1999.

[180] Ali I. , Son, H. H. , *Defining and Measuring Inclusive Growth: Application to the Philippines*, Asian Development Bank, 2007.

[181] Ali I, Son H H. Measuring Inclusive Growth. *Asian Development Review*, 2007, 24 (1): 11.

[182] Ali I. Pro-Poor to Inclusive Growth: Asia Prescriptions. *ERD Policy Brief Series*, 2007.

[183] Ali, I. and Zhuang, J. : Inclusive Growth toward a Prosperous Asia: Policy Implications, ERD Working Paper No. 97, Economic and Research Department, Asian Development Bank, Manila, 2007.

[184] Balisacan, M. and Nobuhiko, F. , Growth, Inequality and Politics Revisited: A Developing Country Case, *Economics Letters*, 79: 53 − 58, 2003.

[185] Barro R J. , Inequality and Growth Revisited. Asian Development Bank, 2008.

[186] Becker G S. Investment in Human Capital: A Theoretical Analysis. *The Journal of Political Economy*, 1962: 9 − 49.

[187] Besley, Timothy; Burgess, Robin and Esteve-Volart, Berta: The Policy Origins of Growth and Poverty in India, in Besley, Timothy and Cord, Lousie J. (eds.), *Deliveringon the Promise of Pro-poor Growth*, *Palgrave MacMillan and the World Bank*, New York, 59 − 78, 2007.

[188] Birdsall, N. , Reflections on the Macro Foundations of the Middle Class in the Developing World, Working Paper, No. 130, Centre for Global Development, Washington D. C. , 2007.

[189] Buchanan, A. E. , *Ethics, Efficiency, and the Market*. Rowman & Littlefield, 1985.

[190] Chen, S. , Ravallion M. , How Have the World's Poorest Fared since the Early 1980s?. *The World Bank Research Observer*, 2004, 19 (2): 141 – 169.

[191] Deininger, K. , Squire, L. , A New Data Set Measuring Income Inequality. *The World Bank Economic Review*, 1996, 10 (3): 565 – 591.

[192] Deininger, K. , Squire, L. , New Ways of Looking at Old Issues: Inequality and Growth. *Journal of Development Economics*, 1998, 57 (2): 259 – 287.

[193] Dollar, D. and Kraay, A. , Growth is Good for the Poor, *Journal of Economic Growth*, 7 (3): 195 – 225, 2002.

[194] Felipe, J. , *Macroeconomic Implications of Inclusive Growth*, Asian Development Bank, Manila, 2007.

[195] Fleisher, B. , Li, H. , Zhao, M. Q. , Human Capital, Economic Growth, and Regional Inequality in China. *Journal of Development Economics*, 2010, 92 (2): 215 – 231.

[196] Goh, C. , Xubei, L. , Nong, Z. , Income Growth, Inequality and Poverty Reduction: A Case Study of Eight Provinces in China. *China Economic Review*, 2009, 20 (3): 485 – 496.

[197] Ianchovichina, E. , Lundström, S. , Inclusive Growth Analytics: Framework and Application. World Bank Policy Research Working Paper, 2009 (4851).

[198] Kakwani, N. , Pernia, E. M. , "What is Pro-poor Growth?", *A-sian Development Review*, 2000, 18 (1): 1 – 16.

[199] Klasen, S. , Economic Growth and Poverty Reduction: Measurement Issues Using Income and Non-income Indicators. *World Development*, 2008, 36 (3): 420 – 445.

[200] Klasen, S. , Measuring and Monitoring Inclusive Growth: Multiple Definitions, Open Questions, and Some Constructive Proposals. Asian Development Bank, Working Paper Series, 2010 (12).

[201] Kuznets, S. , Economic Growth and Income Inequality. *The American Economic Review*, 1955, 45 (1): 1 – 28.

[202] Lewis, W, A. , Economic Development with Unlimited Supplies of Labour. *The Manchester School*, 1954, 22 (2): 139 – 191.

[203] McKinley, T. , Inclusive Growth Criteria and Indicators: an Inclusive Growth Index for Diagnosis of Country Progress. Asian Development Bank Working paper, 2010 (14).

[204] Mlachila, M. M. , Tapsoba, R. , Tapsoba, M. S. J. A. , *A Quality of Growth Index for Developing Countries: A Proposal*. International Monetary Fund, 2014.

[205] Montalvo, J. G. , Ravallion, M. , The Pattern of Growth and Poverty Reduction in China. *Journal of Comparative Economics*, 2010, 38 (1): 2 – 16.

[206] Ravallion, M. , Chen, S. , Measuring Pro-poor Growth [J]. *Economics Letters*, 2003, 78 (1): 93 – 99.

[207] Ravallion, M. , Growth, Inequality and Poverty: Looking beyond Averages. *World Development*, 2001, 29 (11): 1803 – 1815.

[208] Ravallion, M. , Growth and Poverty: Evidence for Developing

Countries in the 1980s, *Economics Letters*, 48: 411 –417, 1995.

[209] Roemer, J. E. , *Equality of Opportunity*. Harvard University Press, 2009.

[210] Roemer, J. , Economic Development as Opportunity Equalization, discussion paper, No. 1583, Cowles Foundation for Research in Economics, Yale University, New Haven, 2006.

[211] S. Mahendra Dev. Inclusive Growth in AndhraPradesh: Challenges in Agriculture, Poverty, Social Sector and Regional Disparities. Centre for Economic and Social Studies, Working Paper No. 71, March, 2007.

[212] S. Narayan. India's Economy: Constraints to Inclusive Growth. *Asian Journal of Public Affairs*, 2008, (1): 8—11.

[213] Sophie Coughlan, Fabrice Lehmann, Jean-PierreLehmann. Inclusive Growth: The Road for Global Prosperity and Stability [R] The ICC CEO Regional Forum, New Delhi.

[214] Stigler, G. J. , Perfect Competition, Historically Contemplated [J]. *The Journal of Political Economy*, 1957: 1 –17.

[215] Thomas, V. , Wang, Y. , Fan, X. , *Measuring Education Inequality: Gini Coefficients of Education*. World Bank Publications, 2001.

[216] Venkataraman, L. N. , "Growth, Inequality and Social Development in India: Is Inclusive Growth Possible?", *European Journal of Development Research*, 2013, 25.

后　记

当在电脑键盘敲下"后记"这个标题时，本书的写作已到了最后一部分。本书是在我的博士学位论文基础上完成的，读博期间的感触纷纷涌上心头，让人久久难以平静。

涌上心头的情绪虽然五味杂陈，难以名状，但最最强烈的感触就是"感谢"。首先，要向我的导师杨先明教授、梁双陆研究员表达诚挚的谢意，感谢导师在博士学习阶段对我学习、生活和工作各方面的殷切关怀和指导。杨先明老师严谨的治学态度、渊博的学识和宽广的视野，以及对学术问题深刻的洞察力，深深地感染了我，让我深切地感受到学者的风采和魅力，让我时刻提醒自己要像老师一样认真严谨地开展学术研究。梁双陆老师严谨认真的治学态度，以及他对学术研究孜孜不倦的钻研精神同样深深地影响了我，鼓舞我认真学习。本书的顺利完成离不开两位导师的辛勤付出。其次，要感谢吕昭河老师、罗淳老师、张国胜老师、王赞信老师、黄宁老师、李娅老师、陈瑛老师、袁帆老师和吴明老师等各位发展研究院的老师，您们在我学习过程中给予了我无私的帮助和关怀，在此对发展研究院的各位老师致以诚挚的谢意。同时，也要感谢经济学院施本植教授、郭树华教授、张荐华教授、罗美娟教授、张林教授、蒋冠教授、马骏教授和母景平教授在工作学习中给予我的关怀和帮助。最后，要感谢社会科学文献出版社的编辑赵慧英老师和出版社的同人，有了你们辛勤的付出和出

198

色的工作，这本书才得以顺利出版。

　　本书能够顺利完成，也要感谢家人给予了我莫大的支持，在此对家人的理解和支持表示感谢，感谢家人对我无怨无悔地付出与支持。

　　本书的完成是对博士阶段学习历程的纪念，在求学和写作过程中深刻体会了"书山有路勤为径，学海无涯苦作舟"的含义。学术研究之路漫漫，吾将上下而求索。

武　鹏

2016 年夏于东陆园

图书在版编目（CIP）数据

包容性增长的理论演进／武鹏著. -- 北京：社会
科学文献出版社，2016.10
　ISBN 978 - 7 - 5097 - 9849 - 2

　Ⅰ.①包…　Ⅱ.①武…　Ⅲ.①中国经济 - 经济增长 -
研究　Ⅳ.①F124.1

中国版本图书馆 CIP 数据核字（2016）第 254798 号

包容性增长的理论演进

著　　者／武　鹏

出 版 人／谢寿光
项目统筹／赵慧英
责任编辑／赵慧英

出　　版／社会科学文献出版社·社会政法分社（010）59367156
　　　　　地址：北京市北三环中路甲 29 号院华龙大厦　邮编：100029
　　　　　网址：www. ssap. com. cn
发　　行／市场营销中心（010）59367081　59367018
印　　装／三河市尚艺印装有限公司

规　　格／开本：787mm × 1092mm　1/16
　　　　　印张：13.25　字数：169 千字
版　　次／2016 年 10 月第 1 版　2016 年 10 月第 1 次印刷
书　　号／ISBN 978 - 7 - 5097 - 9849 - 2
定　　价／58.00 元

本书如有印装质量问题，请与读者服务中心（010 - 59367028）联系

▲▲ 版权所有 翻印必究